経営側弁護士による

精選 労働判例集

第 10 集

石井妙子　岩本充史　牛嶋　勉　岡芹健夫
緒方彰人　中町　誠　渡部邦昭

労働新聞社

はじめに

　労働紛争には、大きく個々の労働者と使用者が争うもの（個別的労使紛争）と、労働組合等と使用者が争うもの（集団的労使紛争）があります。近年では、解雇・雇止め、労働条件の格差問題、未払い賃金の請求等、多種多様な個別的労使紛争が増加傾向にあるだけでなく、件数の増加とともに内容も複雑化してきております。このような中で、紛争に伴う多大な時間の消費と費用の損失を考えると、労使紛争の未然防止および紛争発生後の適切な対応が必要不可欠といえます。そこで、同種の事案で裁判になったものの内容を精査し、その中から実務面での対応策を検討することはとても有意義なものです。

　本書は「労働新聞」で人気の高い「職場に役立つ最新労働法」連載記事のうち、2019年に掲載されたものにつき加筆・修正を加えたもので、今回で第10集目の発行となります。第9集までと同様執筆者の方に精選していただいた裁判例について、「事案の概要」「判決のポイント」「応用と見直し」の3点につき、重要な点を簡潔に解説いただいております。特に「応用と見直し」では、裁判の内容を踏まえて、会社が留意すべき事項を指摘しており、実務上参考になるものとなっております。

　本書が良好な労使関係の構築、労使紛争の未然防止や解決にお役にたてば発行者として幸いです。加えて、第10集が発行できたことにつき、読者の皆様に厚く御礼申し上げます。

　最後になりますが、本書の発行および内容の再点検につき快くお引き受けいただきました石井妙子先生、岩本充史先生、牛嶋勉先生、岡芹健夫先生、緒方彰人先生、中町誠先生、渡部邦昭先生（五十音順）に、心より感謝申し上げます。

2020年6月

労働新聞社

労働条件

INDEX

賃金・残業代

INDEX

INDEX

INDEX

出向解除後の職種変更の可否

（労働条件・出向）

－相鉄ホールディングス事件－（横浜地判平 30・4・19）

弁護士　中町　誠　　　　　　　　　　　　　　　　［労判 1185 号 5 頁］

バス運転士の出向解除、「元」で清掃業務命じる

バス事業の分社化に伴い子会社へ在籍出向させていた運転士ら 58 人に復職を命じ、清掃業務に従事させたこと等が配転命令権の濫用に当たるか争った。横浜地裁は、職種限定の合意は認められないとして請求を斥けた。就業規則に配転等の条項があり、他職種へ異動実績もあった。清掃業務は再出向までの一時的な期間で、復職後の処遇などを踏まえ、著しい不利益とはいえないとした。

就業規則に配転条項、清掃業務は一時的で著しい不利益なし

事案の概要

原告らは、被告相鉄ホールディングス株式会社の従業員であり、相鉄バス株式会社に在籍出向してバス運転業務または車両整備業務に従事していた。原告らは、平成 28 年 4 月 16 日から平成 29 年 7 月 16 日の間、順次、在籍出向を解除され、清掃業務等への従事を命じられたことに関し、本件復職命令は労働協約、個別労働契約に違反し、権利濫用に当たり、無効であるなどと主張して、バス運転士（原告 1 人については、車両整備士）以外の業務に勤務する義務がない労働契約上の地位にあることの確認を求めた。また、原告相模鉄道労働組合が、上記違法行為により組合員である個人原告らの被った損害とは別個の損害を受けたと主張して、被告会社や被告会社の代表取締役らに対して、損害賠償を請求した。

判決のポイント

1、定年まであるいは将来にわたってバス運転士として就労させることの労使合意はなく、本件復職命令は、労働協約に違反しない。

2、原告Z1以外の個人原告らは、バス運転士として採用され、採用されるには大型二種免許が必要であったことおよび入社以来、バス運転士として勤務してきたことが認められることに加えて、原告Z1以外の個人原告らが旧相模鉄道に入社した当時から、バス運転士の初任給は他の労働者とは別に職級が格付けされていることが認められる。

　しかしながら、バス運転士として配属予定の者を募集・採用する際に、大型二種免許の保有を条件とすることはむしろ当然であり、そのことと採用後、配転を予定しているか否かとは別問題であること、バスの運転士の初任の格付けが他の職種とは別に定められていて、初任給が異なっている点も、満21歳以上が条件となる大型二種免許保有が前提となる以上、採用時には高校新卒の者よりも年齢が高いといった要素などが考慮された可能性が否定できず、必ずしもバス運転士の職種の専門性が高度であることを裏付けるものとはいえないことからすれば、上記各事実から、個人原告らの被告会社との労働契約締結に際し、職種限定合意があったとまでは認められない。むしろ、個人原告らに適用される被告会社の就業規則では、業務上の必要がある

場合には、転勤、転職および配置転換を命ずることがあると規定されていること、被告会社においては、従前もバス運転士から他の職種への異動実績があること、原告の一部は、被告会社と相鉄バスの労働条件の差異について、被告会社にいれば、バスの乗務ができなくなっても、他の職種をあっせんしてもらえると認識していたことからすれば、バス運転士である個人原告らについて、業務上の必要がある場合には、労働者の個別の同意なく、職種変更を命じる権限が被告会社に留保されていたものと認められる。

　3、原告らは、バス運転士から他の職種への異動は、特段の事情がある場合と、労働者の個人的要因により客観的にバス運転業務を継続することが困難な事情がある場合に限定されるという人事慣行、労使慣行があり、これが労働契約の内容になっていたと主張する。

　人事慣行・労使慣行が労働契約の内容となるためには、当該取扱いが長期間反復継続されていることに加え、当該取扱いについて決定権限を有する者が規範意識を有していたことが必要と解するのが相当であるところ、被告会社（旧相模鉄道を含む）の異動について決定権限を有する者が、特段の事情

がある場合と労働者の個人的要因により客観的にバス運転業務を継続することが困難な事情がある場合に異動を限定するとの規範意識を有していたと認めるに足りる的確な証拠はない。

 応用と見直し

　本件は在籍出向の解除をめぐる紛争である。解除に異議をとなえる労働者側は、いくつかの論拠を挙げている。

　その一つが、本件労働者らは会社との間で職種限定特約があり、解除後の清掃業務等はその範囲外であるとの主張である。

　原告側は、採用時（原告の大部分がバス運転士）の大型二種免許の保有条件や初任給の差違など、職種限定特約の存在を基礎付ける事実を主張したが、本判決は、正社員として採用され就業規則には配転等の条項があること、他職種への異動の実績があることなどを指摘して、職種限定特約を否定した。従来の裁判例も、就業規則に配転条項のある正社員の場合はよほどの事情がない限り、職種限定特約は認めない傾向にある。たとえば、日産自動車事件（最一小判平元・12・7）は、十数年から二十数年にわたり機械工として就労してきた労働者について、そ

のことから、機械工以外の職種には一切就かせないという趣旨の職種限定の合意が、明示または黙示に成立したとまでは認められないとする（アナウンサーの事案につき、同様の判断として九州朝日放送事件＝最一小判平10・9・10、なお入社後2年程度の間の職種限定合意を認めた珍しい例としてジブラルタ生命事件＝名古屋高判平29・3・9）。本判決もこのような判例の流れに沿うものである。

　次に、原告側は労使慣行を主張した。本判決は、規範意識の不存在を理由にこの主張を排斥した。本判決が説示するように、法的な拘束力を有する労使慣行の成立要件としては慣行的事実の継続だけでは足りず、当該労働条件について決定権限ないし裁量権を有する者が当該取扱いの規範性を認め、これにより拘束されることを承認していたこと（規範意識）が必要とされており、本件での規範意識の欠如を指摘した。この点の判断も従来の裁判例の見解に沿うものである。

　さらに、本判決は、本件出向解除について東亜ペイント事件（最二小判昭61・7・14）の配転の権利濫用の判断の枠組みを用いて、出向解除の必要性、他の不当な動機・目的の存在、労働者の不利益性等の観点から本件出向解除

の効力を判断している（結論として権利濫用を否定）。かつて古河電工事件（最二小判昭60・4・5）は「出向元が、出向先の同意を得た上、右出向関係を解消して労働者に対し復帰を命ずるについては、特段の事由のない限り、当該労働者の同意を得る必要はないもの

と解すべきである」と説示している。このように、本来同意が不要な行為（出向解除）についても、その行使に関して権利濫用の余地はあり得るため、その判断基準として上記の東亜ペイント事件の枠組みを用いたものであろう。

MEMO

リハビリ勤務者の賃金（労働条件・休職中）

－ NHK（名古屋放送局）事件－（名古屋高判平 30・6・26）

弁護士　牛嶋　勉　　　　　　　　　　　　　　［労経速 2359 号 3 頁］

傷病休職中の「テスト出局」、賃金支払うべき？

　傷病休職期間の満了による解職を有効とした一審を不服として、元職員が控訴した事案。予備的に復職可否を判断するテスト出局中の賃金支払いを求めた。名古屋高裁は、作業が使用者の指示で行われその成果を享受している場合、指揮監督下の「労働」に当たると判断。制作に関与したニュース原稿は放映されていた。制度上無給でも、最低賃金法を適用し相当額の支払いを命じた。

指揮監督下の労働と判断、試し出勤に最低賃金を適用

 事案の概要

　被控訴人協会の職員であった控訴人は、精神的疾病による傷病休職の期間が満了したことにより解職となった。控訴人は、同期間満了前に精神的疾病が治癒し、休職事由が消滅しており、解職が無効で、被控訴人との間の労働契約が存続していると主張して、①労働契約上の権利を有する地位の確認、②休職期間経過後の賃金および賞与の支払いを求めた。また、傷病休職中のテスト出局（いわゆる試し出勤、リハビリ勤務）により、労働契約上の債務の本旨に従った労務の提供をし、途中でテスト出局が中止され労務の提供を

しなくなったのは被控訴人の帰責事由によるとして、③テスト出局開始から傷病休職満了までの期間について、職員給与規程による賃金等の支払いや、テスト出局の中止や解職に至ったことに違法性があると主張し、④不法行為に基づく損害賠償金（慰謝料）等の支払いを求めた。

　さらに、控訴審において、予備的請求として、仮にテスト出局中に控訴人の行った作業が労働契約上の本来の債務の本旨に従った労務の提供に該当しないとしても、労働基準法および最低賃金法上の労働に該当し、最低賃金額以上の賃金が支払われるべきであるとして、⑤テスト出局開始から傷病休職

満了までの期間について、最低賃金額相当の賃金等の支払いを求めた。

一審（名古屋地判平29・3・28）は、控訴人の上記①〜④の請求をいずれも棄却し、控訴人が控訴した。

判決のポイント

本件テスト出局は、その必要性および相当性が認められ、就業規則違反とまではいえない。また、本件テスト出局を無給で実施したことに問題が認められるが、健保（組合）から傷病手当等が支給されていることなどに鑑みると、本件テスト出局が無給であることをもって、本件テスト出局が違法であるとまではいえない。

テスト出局が単に休職者のリハビリのみを目的として行われるものではなく、職場復帰の可否の判断をも目的として行われる試し出勤…の性質を有するものであることなどにも鑑みると、…当該作業が使用者の指示に従って行われ、その作業の成果を使用者が享受しているような場合等には、当該作業は、業務遂行上、使用者の指揮監督下に行われた労働基準法11条の規定する「労働」に該当するものと解され、無給の合意があっても、最低賃金（ママ）の適用により…、これが契約内容

となり…、賃金請求権が発生する。

控訴人の行った作業が控訴人の処遇区分C2およびマスター級1級の賃金に相当する対価に見合う労務を提供したものと認めることは困難であり、労働契約上の本来の債務の本旨に従った労務の提供を行ったとはいえない。

本件テスト出局中、控訴人はその上司…の指示に従って、…送られてきたラジオニュース用原稿を編集担当者と打ち合わせながらテレビ用に作り替えるとともに、使用する映像を確認し、原稿に基づいてテロップ…を発注…（する）など、被控訴人の業務であるニュース制作に関与し、控訴人が関与したニュースは放映され、その成果を被控訴人が享受しており、控訴人が出局していた時間は使用者である被控訴人の指揮監督下にあったものと見られるから、この時間は労働基準法11条の規定する労働に従事していたものであり、無給の合意があっても最低賃金の適用により、被控訴人は…、その労働に対し最低賃金額相当の賃金を支払う義務を負う。

❖ 試し出勤の有用性

　試し出勤とは、疾病により休職している従業員から復職の申請がなされた場合に、復職の可否を判断するために、復職予定の職場に試験的に出勤させるものである。リハビリ勤務とも呼ばれるが、リハビリ勤務は、復職前と復職後の双方を指すことがあり、紛らわしいので、本稿では試し出勤という。国家公務員には、「試し出勤」制度があり、精神・行動の障害により療養のため長期間職場を離れている職員で職場復帰が可能と考えられる程度に回復した者が、職場復帰前に、元の職場などに一定期間継続して試験的に出勤をすることとされている。試し出勤を制度化している企業は少数で、運用として試し出勤を実施している企業の方が多い。

　とくにうつ病などの精神疾患で長期間休職した場合は、本人は復職できると考え、主治医が復職可能と診断したとしても、実際に勤務すると継続的に勤務できないことが少なくない。しかし、試し勤務を実施することにより、継続的に勤務できるか否かが明らかになることが多い。試し出勤により、継続的に勤務できると判断されれば、企業は医師の診断も踏まえて復職を発令できる。他方、継続的に勤務することが困難であると判断されれば、休職を続けることになる。本人は復職できると考えていたが、試し出勤を行った結果、本人が復職できないと自覚して復職を断念したケースも少なくない。

❖ 試し出勤の実施方法

　試し出勤は、制度化されている場合は、その制度に従って実施し、制度化されていない場合は、本人と試し出勤実施の合意書（覚書などの名称も可）を作成して実施することが望ましい。

　その制度内容または合意書に盛り込むべき主要な内容は以下の点である。

　①復職の可否を判断するための出勤であり、労働契約上の労務の提供ではないから、賃金は支払われないこと。

　本判決は、給与規程による賃金の支払い請求を棄却したにもかかわらず、最低賃金額相当額の賃金の請求を肯定したが、後者の判断は極めて疑問である。

　②実施の期間および実施方法

　実施期間は２週間ないし１カ月程度を予定することが多い。職務内容により、復職の可否を判断することができる程度の期間を設定する必要がある。期間が必要以上に長いと、賃金請求等

を招くおそれがある。本判決の事案では、テスト出局の期間が原則24週間と長い制度であったことも問題となった。通常は、短めの勤務時間から始めて、徐々に長くしていくことが多い。本人の状態や職務内容によって調整が必要である。

③労災保険の適用はないこと。労務の提供ではないから当然であるが、確認しておくべきである。しかし、現実に労災事故が発生してしまった場合は、事情により、遡って就労扱いにして労災適用の取扱いをせざるを得ないときもあり得ると思われる。

MEMO

空白期間のある有期契約者の年休

（労働条件・年休）

－文際学園事件－（東京地判平 30・11・2）

弁護士　中町　誠　　　　　　　　　　　　　　　　　［労判 1201 号 55 頁］

外国人講師と学期間の契約を結ばず年休なし!?

　学校の前期と後期の間に約 2 カ月の有期契約の空白があり、年休が発生する 6 カ月の継続勤務の要件を満たさないとして、欠勤扱いされた外国人講師 2 人が未払賃金を求めた。東京地裁は、契約中に次期の契約依頼書が交付され更新し続けてきたことなどから、実質的に継続勤務と評価。その他、就業規則をコピーできずパワハラなどと訴えたが、コピーを求める法的根拠はないとした。

2 カ月の空白あるが、実質的に「継続勤務」

 事案の概要

　本件は、被告との間で労働契約を締結していた原告 P1 および原告 P2 が被告に対し、年次有給休暇取得要件を満たすにもかかわらず年次有給休暇取得日の給与を支払わなかったとして、賃金支払等を求めるとともに、原告らが被告に対し、日本語の就業規則について筆写することしか認めないというパワーハラスメントを行ったことが不法行為であると主張して、不法行為に基づく損害賠償請求権に基づき、慰謝料を求める事案である。

 判決のポイント

　1、原告 P1 および原告 P2 が被告と締結した講師契約の契約期間は前期が約 5 か月、後期が約 4 か月半に及び、契約存続期間は 1 年の約 3 分の 2 以上に至る。また、原告 P1 および原告 P2 は、講師契約に基づき、週の過半を講義担当日として少なくとも 1 時限以上講義を行っている上、講義時間以外にも講師契約に基づいて講義に関連しまたは付随する業務を行っており、年間の労働日数は 111 日に及んでいる。さらに、被告は、講師契約存続中に、

次学期の講師契約を締結するか否かを判断した上、次学期の講師契約を締結すると判断した者に対してアベイラビリティ・シートを交付しており、講師契約存続中に、事実上、次学期の講師契約の締結に向けた素地が整備されているものと評価でき、現に原告 P1 および原告 P2 は、最初の講師契約以降、途切れることなく毎学期講師契約を締結してきている。また、原告 P1 および原告 P2 は、講師契約締結以降、主として ECS という英語の講義を担当しており、同種の業務を継続的に担当しているものと評価できる。

被告が指摘するとおり、前期と後期との間には約半月、後期と次年度の前期との間には約2か月の期間があるものの、これは日本外国語専門学校が専門学校であることから、各学期間に講義が行われない期間が存在し、講師契約の性質上、この間も契約関係を存続させておく実益が極めて乏しいことによるものであり、上記のアベイラビリティ・シートの運用を併せ考慮すると、少なくとも本件においてこれらの期間が存在することを重視することは相当でない。

以上のとおり、原告 P1 および原告 P2 と被告との間の講師契約に関する諸般の事情を年次有給休暇の趣旨に照らして考慮すると、原告らが年次有給休暇の申請を被告に対して行った時点で、両者とも継続勤務の要件を満たしていたものといえる。

2、労働者が使用者に対して就業規則の謄写を請求する権利を規定した法令上の根拠はなく、就業規則の謄写自体の可否およびその方法については、基本的に使用者の裁量に委ねられているものと解するのが相当である。

本件では、講師契約にかかる定型の契約書には労働契約に関する詳細な内容が記載されている上、日本語を母語としない従業員に対しては、英語の翻訳文を交付している。また、講師契約締結の際には、校長が通訳を通じて契約内容を説明していることが認められる。これらの点からすれば、原告らが労働契約の内容を理解することは可能であったといえる。

また、被告は、就業規則の閲覧ができる者を従業員に限定しており、日本語を読むことができない従業員に対しては、英語のできる従業員による通訳補助が用意されており、被告が用意する従業員以外の従業員による通訳補助も認められており、現に原告らは、被告が用意した従業員による通訳補助を受けた就業規則を閲覧したこともあるが、その後、原告らは被告による通訳

補助を断っていることが認められる。

　さらに、被告が就業規則の閲覧者を従業員に限定し、かつ、謄写を認めないのは、就業規則を重要な文書であると位置付け、情報管理を十全化するためであると認められるところ、このような目的ないし運用が使用者としての裁量権を逸脱するものとは評価できない。以上のとおり、被告における運用や原告らに対する対応がパワーハラスメントに該当するものとも、何らかの違法性を有するものとも到底認められない。

 応用と見直し

　本件の第一の争点は、労基法39条の年次有給休暇の継続要件の当否である。

　通達（昭63・3・14基発150号）によれば、継続勤務か否かについては、勤務の実態に即し実質的に判断すべきものとする。そして、例示として、定年退職による退職者を引き続き嘱託等として再採用している場合（ただし、退職と再採用と相当期間経過した場合は除く）等を挙げている。

　裁判例も、通達と同様の見解に立ち、実質的継続の観点から、競馬の馬券販売員について、同人の雇用契約は、競馬の1開催期間または連続する2開催期間を雇用期間とする期間の定めのある雇用契約であり、その勤務は、毎年1カ月ないし2カ月を超える未在籍期間が存するものの競馬開催期間を単位とした各雇用契約が反復締結されており、実態としての雇用関係が同一性を維持して継続するものと判断した例（日本中央競馬会事件＝東京高判平11・9・30）がある。一方、継続性を否定した裁判例としては、正規職員当時は週6日勤務していたが、定年後嘱託員としての再採用によって月18日間（週4日相当）のみ勤務となった事案について正規職員であった時と嘱託員となった後との間には継続勤務の関係はないと解した例（東京芝浦食肉事業公社事件＝東京地判平2・9・25）がある（ただし、比例付与制度法制化以前の判断）。本件は、各語学講師契約との間で約2カ月の間隔が空いている事案であるが、「判決のポイント」記載の事情を総合してその継続性を肯定したものである。

　本件の第二の争点は、労働者に就業規則の謄写を拒否する対応の是非である。労基法106条の就業規則の周知義務については、その方法について掲示または備付、書面交付、閲覧可能な機器の設置が選択的に規定（労基則

52条の2）されており、就業規則の写しの交付を一義的に義務付けてはいない。

　被告が、就業規則の交付の手法をとらず、そのコピーや写真撮影を拒否したのは、被告の主張によれば、情報通信技術の発達により、第三者への情報拡散リスクが高いとの判断である。本判決は、就業規則の謄写請求権を否定したうえ、被告が労働条件の周知に意を尽くしたこと等を斟酌し、その対応の違法性を否定したものである。今後増加が予想される外国人労働者との間の紛争であり、参考となる事例といえよう。

MEMO

パワハラ理由の配転命令の可否

（労働条件・配置転換）

－岡山市立総合医療センター（抗告）事件－（広島高裁岡山支決平 31・1・10）

弁護士　岡芹　健夫　　　　　　　　　　　　　　［労判 1201 号 5 頁］

外科医に配転命じ診療禁止、有効とした一審は

　勤続 25 年の外科医が、自らのパワハラなどを理由としての配転は無効として、地位確認の仮処分を求めた。一審は、配転の必要性を認めて診療できないこともやむを得ないと判断したが、高裁は、職種限定の「黙示の合意」を認定。極めて専門的で高度の技能を踏まえて雇用され、医師以外の勤務形態は予定していたとは認められず、配転無効とした。当該外科医のパワハラの事実も認めなかった。

職種限定の「黙示の合意」あり、医師以外の勤務形態予定なし

 事案の概要

　Y法人は市立A病院（以下「法人病院」）を設置運営する医療法人である。

　Xは、平成4年4月に医師として稼働し始め、25年10月、法人病院の前身であるA病院で勤務を開始した。Xは、専門医、指導医、認定医等の資格を有しているが、各資格は更新を要し、その更新前の一定期間に、指定された内容および件数の手術に関与していること等が必要である。

　Xは、平成26年4月、法人病院の2つの科の外科主任医長に任命され、27年1月には消化器疾患センター副センター長を兼務し、28年4月には消化器外科部長となった。

　この間、平成26年4月に、2人の医師がXの言動を理由として退職し、同年2月および27年12月には、ある看護師よりY法人に対し、Xの言動に苦情が寄せられていた。

　平成28年10月と11月に、Y法人からXに対し、他の病院への移籍を打診したがXは断った。

　平成28年12月、Xの上司B医師

が参加した手術において、3人の患者に緊急の再手術等を要する事態となり、同月のカンファレンスにおいて、XはB医師に対し、しばらく手術をするのはやめた方がいいと発言した。

平成29年1月、Y法人はXに対して、外科部長および副センター長から解任し、がん治療サポートセンター長に任命する旨の配転命令（以下「本件配転命令」）および同年4月より外科の一切の診療に関与することを禁止する命令（以下「本件診療禁止命令」）を出した。これにより、Xの給与は約140万円から約90万円に減少した。

XよりY法人に対し、本件配転命令および本件診療禁止命令の理由を聞いたところ、Y法人は、大要、B医師への暴言等や嫌がらせともとれる言動、研修医および他職種職員等に対するパワハラ的言動を考慮すると、外科医としてチーム医療に必要なコミュニケーション能力が欠けていると判断せざるを得ないと説明した。

平成29年6月、Y法人は、Xが本件診療禁止命令に違反して外来診療を行っているとして、改めて強く命令するとともに従わない場合には懲戒処分となる旨が記載された業務命令書を交付した。その後、Xに事情を聴取したいとして調査会への出席も求めたが、Y法人がXの弁護士の立ち合いを拒否した経緯等があり、Xは出席しなかった。同年8月、Y法人は、Xが正当な理由なく調査会に出席しなかった事実についての弁明の機会を付与するとして、弁明書の提出とその期限を告知した。

Xは、本件配転命令、本件診療禁止命令を無効として、(ア)がん治療サポートセンター長として勤務する義務がないことを仮に定めること、(イ)診療禁止の業務命令に従う義務のないことを仮に定めること、などの仮処分を申し立てたところ、原決定（岡山地決平30・3・29）はいずれもXの申し立てを却下した。そこで、Xが原決定の取消しを求めて抗告した。

 判決のポイント

外科医師という職業は、極めて専門的で高度の技能・技術・資格を要するものであること、長年にわたり特定の職務に従事することが必要であり、…Y法人においても、Xの外科医としての極めて専門的で高度の技能・技術・資格を踏まえて雇用したことは明らかであり、Xの意に反して外科医師として就労させない勤務の形態を予定して、Xを雇用したとは認められない。

…医師の同意なく、専門とする診療科での診療を禁止することは、医師としての高度の技能・技術・資格を一方的に奪うことになるから、当事者間において、Y法人にそのような配転命令を許容する内容の合意が成立しているとは認められない。…本件では、黙示の職種限定合意の成立を認めるのが相当である。本件配転命令は、本件診療禁止命令と併せて、…職種限定合意に反するものであるから、無効である。

念のため、（配転命令は権利濫用で無効かについても）検討すると、…少なくとも信義則上、本件配転命令による…異動には高度の業務上の必要性が必要であるものと解するのが相当である。しかしながら、…Xについて、他者との協調性に欠け、他の外科医師との間で軋轢を生じさせるにとどまらず、他の医療スタッフに対し、パワハラ等の問題行為に及び続けたとは認められない。平成28年12月のB医師に対し、しばらく手術をするのはやめた方がいいなどと述べたりしたこと自体は、何ら合理性を欠くものではない。…Y法人が異動の理由としているパワハラ等の言動は、本件配転命令を後から正当化するために主張していると推認する。従って、本件配転命令…それと一体となる本件診療禁止命令も職種

限定合意に違反するものとして無効である（以上、「事案の概要」(ア) の申立てを認める）。

 応用と見直し

本件は、改めて、高度の専門的職業（医師等）においては、職種限定合意が認められやすい（雇用契約の内容として、異動を想定していなかったと認定されやすい）ことが確認された事案といえる。

ただし、相当に専門的な職業と思われるアナウンサーであっても、職種限定合意は否定される方向で判断されていることを考えれば（九州朝日放送事件＝最一小判平10・9・10）、職種限定合意は、本判決の言葉を借りれば、その職業が、「極めて専門的で高度の技能・技術・資格を要するものであること、長年にわたり特定の職務に従事することが必要」であることが要件となると解される。即ち、わが国の原則的な雇用形態である長期雇用を前提とした場合、技術革新、業種転換、事業再編成などがよく行われる今日では、このような職種限定の合意は成立しにくいといえよう。

無論、職種限定の合意は、事案により、労働者の利益にもなるし使用者の

有利にもなる。しかし、得意分野・専門分野を持たない長期雇用者を想定してきたこれまでのわが国の雇用の形態は、国際競争力の低落傾向に鑑みれば、長くは続かないとも思われるし、現に、職種の内容、期待されるレベル、レベルに見合った労働条件（報酬、働き方等）を個別に契約で決定するという例も徐々にみられるようになってきている。そうした場合、契約書の段階で、上述の契約条件を明記しておくことが必須になってくると思われる（殊に、期待するレベルに達しなかった場合に、報酬をどうするか、ひいては契約をどうするか、といった条項などが焦点になると思われる）。

MEMO

契約社員と正社員の休暇制度等の格差

（労働条件・格差）

－日本郵便（大阪）事件－（大阪高判平 31・1・24）

弁護士　緒方　彰人　　　　　　　　　　　　　　　　　［労判 1197 号 5 頁］

契約社員が季節や病気時の休暇認められず控訴

　　契約社員が、手当や休暇制度で正社員と格差があるのは違法として損害賠償を求めた事案の控訴審。大阪高裁は、夏冬の休暇や病気休暇などを付与すべきかの判断において、「雇用期間が 5 年超」の基準を判示。労働契約法の無期転換権に触れ、相違を不合理とした。一審で格差を不合理とした扶養手当は、有為な人材確保の目的や効果があり、正社員のみも不合理とはいえないとした。

「雇用 5 年超」の格差は不合理だが、扶養手当は不合理と認めず

事案の概要

　　一審原告ら（8 人）は、郵便業務等を事業内容とする一審被告との間で、有期労働契約を締結し、郵便物の集配・集荷等の業務に従事する者である。

　　一審被告の正社員とは、雇用契約で定められた特定の業務にのみ従事し、役職者や管理職への登用が予定されていない点、勤務地および職務内容が限定され人事異動が行われない点など、業務の内容および責任の程度や職務の内容および配置の変更の範囲において相違があった。

　　一審原告らは、一審被告に対し、正社員との間で、①年末年始勤務手当、②扶養手当、③夏期冬期休暇、④病気休暇等に相違があることは労契法 20 条に違反することを理由に、損害賠償等の請求を行った。原審（大阪地判平 30・2・21）は、①、②等の相違について法 20 条に違反するとした。そこで一審原告および一審被告がともに控訴した。

判決のポイント

①年末年始勤務手当は…年末年始の時期に業務に従事しなければならない正社員の労苦に報いる趣旨で支給される。…本件契約社員は…短期雇用を前提とし…その必要に応じて柔軟に労働力を補充、確保することを目的の一つとして設けられている雇用区分であり…正社員の待遇を手厚くすることで有為な人材の長期的確保を図る必要があるとの事情や一審被告における各労働条件が労使協議を経て設定されたという事情がある。…年末年始勤務手当に関し労働条件の相違…は、直ちに不合理なものと評価することは相当ではない。…もっとも…契約期間を通算した期間が既に5年（労契法18条参照）を超えている契約社員についてまで…相違を設けることは、不合理…である。

②扶養手当は…長期雇用システム（いわゆる終身雇用制）と年功的賃金体系の下、家族構成や生活状況が変化し…生活費の負担が増減することを前提として、会社が労働者のみならずその家族の生活費まで負担することで、有為な人材の獲得、定着を図り、長期にわたって会社に貢献してもらうという効果を期待して支給される…。…正社員と契約社員との…相違は、不合理

と認めることはできない。

③夏期休暇は…夏期における心身の健康の維持、増進等を図る趣旨で付与され…冬期休暇は…年末に特別休暇が与えられないことを踏まえ、年末年始の期間に限らず冬期の一定の期間に付与された特別の休暇（有給）である…。…長期雇用を前提とする正社員と原則として短期雇用を前提とする契約社員…で、異なる制度や運用を採用すること自体は、相応の合理性がある（が）…7名について…契約期間を通算した期間が既に5年を超えているから、相違を設けることは、不合理…である。

④病気休暇は…私傷病になった場合にも安んじて療養に専念させ、健康体に回復させることによって公務能率の維持向上に資することにある…。…長期雇用を前提とする正社員と…短期雇用を前提とする契約社員…で、異なる制度や運用を採用すること自体は、相応の合理性がある（が）…7名について…契約期間を通算した期間が既に5年を超えているから、相違を設けることは、不合理…である。

応用と見直し

　本件と同種事案として、日本郵便〈佐賀〉事件（福岡高判平30・5・24）（以下「佐賀事件」という）と日本郵便〈東京〉事件（東京高判平30・12・13）（以下「東京事件」という）がある。佐賀事件は、夏期冬期休暇の相違を不合理と判断し（なお佐賀事件では、年末年始勤務手当・扶養手当・病気休暇の相違は問題とされていない）、東京事件は、年末年始勤務手当・夏期冬期休暇・病気休暇等の相違を不合理と判断した（なお東京事件では、扶養手当の相違は問題とされていない）。これらの事件は、年末年始勤務手当を「年末年始の期間における労働の対価」、夏期冬期休暇を「国民一般に広く受け入れられている慣習的な休暇」、病気休暇を「私傷病により勤務できなくなった場合に、療養に専念させるための制度」と捉えて、正社員と有期契約社員との労働条件の相違を不合理と判断したものである。

　これに対し、本件では、年末年始勤務手当を「年末年始の時期に業務に従事しなければならない正社員の労苦に報いる趣旨」、夏期冬期休暇を「心身の健康の維持・増進を図るための特別休暇」、病気休暇を「職員が私傷病になった場合に安んじて療養に専念させ、健康体に回復させることによって公務能率の維持向上に資する」ものと捉え、長期雇用を前提とする正社員と短期雇用を前提とする有期契約社員との労働条件の相違は直ちに不合理とはいえないものの、通算契約期間が5年を超える有期契約社員との間では不合理と判断したものである。このように、佐賀事件・東京事件と本件との間で判断に差異が生じたのは、年末年始勤務手当等の性質・目的の捉え方や、長期雇用を予定していることを考慮するか否かという点の違いにある。

　わが国の正社員制度は、定年までの長期雇用を予定し、入社後、教育訓練を行うとともに、職務内容や勤務場所を変える人事異動を行い、企業人としての豊富な経験を積ませ、これに伴い、残業義務・転勤義務などの拘束を受けるが、反面、これら教育と経験の積み重ねによる職業能力の発展に対応して企業組織内の地位と賃金も上昇していくという雇用システムである。このことを前提として、正社員の処遇（労働条件）は決められている。会社は、教育訓練投資を行い人材育成をする以上、正社員に長期雇用を続けるインセンティブをどのようにして持たせるかは重要な関心事といえよう。

本件では、正社員と有期契約社員との間で、年末年始手当等の労働条件の相違が存在することは直ちに不合理とはいえないとしつつも、通算契約期間が５年を超えた有期契約社員との間では、不合理と判断した。しかし、結果的に通算契約期間が長期になった有期契約社員と、長期雇用を予定しそのためのインセンティブを持たせる必要がある正社員とで、労働条件が相違することも必ずしも不合理とはいえないのではないであろうか。正社員と有期契約社員とでは、雇用の目的や会社の期待や活用の仕方が異なるのであるから、両者の待遇が均衡しているか否かを判断することはもともと困難といえる。同種事案の裁判例において結論が異なるのも、こうした要因によるものと思われる。労働条件は当事者間の合意で決められることが原則であるから、司法による介入は、「不合理」と判断される場合に限られるべきである。

MEMO

配転内示は人事権濫用か（労働条件・配転）

－あんしん財団事件－（東京高判平 31・3・14）

弁護士　岩本　充史　　　　　　　　　　　　［労経速 2379 号 3 頁］

営業成績低く配転に、家庭の事情聴かず違法？

　転居を伴う配転の発令前に家族の事情を聴取せず、人事権濫用とした一審の控訴審。一審は、営業成績が低迷し環境を変える必要性はあるが、通常甘受すべき程度を著しく超える不利益を負うとした。配転はその後撤回され、東京高裁は内示の違法性を判断。内示により配転を受けるかを検討でき、仮に上司らへ拒否理由を示せば配慮された可能性もあったと認め、慰謝料を命じた一審を取り消した。

内示により検討可、上司へ拒否理由示せば配慮された可能性あり

 事案の概要

　本件は、認可特定保険業者であるYの職員Xらが、平成 27 年 4 月 1 日付けの各配転命令または降格処分、人事考課もしくは職種を変更する旨の業務命令等が退職強要の目的で行われた違法なものであり、精神的苦痛を受けた等と主張して、Yに対し、不法行為（当該業務命令については予備的に債務不履行〈安全配慮義務違反〉）に基づく損害賠償請求として、慰謝料等の支払いを求めた事案である。

　本件では、Xらの主張が多岐にわたるため、Xらのうち事務職に従事していた女性職員に対して、勤務場所の変更を伴う広域配転の違法性の判断部分について紹介する。

　Xらは、いずれも、期間の定めのない労働契約を締結している。Xらは本件配転命令を受けるまで、転居を伴うような広域の異動を経験したことが全くなく、Yにおいて従来からほとんどの女性職員に転居を伴う配転命令がなされていなかった。

　Yの就業規則では「職員に対し業務上の必要性により、転勤または職種変更を命じることがある。職員は、正当な理由がない限りこれを拒むことができない」「財団は、前項の命令を発する場合、原則として命令の 2 週間前までに通知する。ただし、業務上やむを

得ない場合、通知期間を短縮したり、事前通知を行わない場合もある」との定めがあった。一審（東京地判平30・2・26）は、成績低迷者に対して環境を変えて能力向上等を図るという目的について業務上の必要性を認めたが、Xらに予期せぬ大きな負担を負わせ、人事発令に当たり個々の具体的状況の事情聴取やその理解を得るための説明を行う等の手続きを欠くものであり、通常甘受すべき程度を著しく超える不利益を負わせるものであり人事権の濫用に当たるとして違法と判断した。

 判決のポイント

　一般に、配置転換の内示（平成27年3月18日に行われた）は、…人事権の行使としての配転命令に先立ち、転勤を受諾するかどうかについて検討する機会を与えるための事前の告知であり、これによって人事異動の効力を生ずるものではなく、その後に異動計画が撤回ないし変更される余地を残しているものと解されるから、本件配転内示によりXらが受けたと主張する精神的苦痛は、本件配転命令が発令された場合、…転居するか、転勤を拒否し、懲戒処分等の対象となるかの選択を迫られることへの不安や恐怖などであっ

た…。しかるに、…Yにおいても、転居を要する内示を受けた職員が配置転換を拒否し、転勤を拒むことのできる正当な理由の有無を審査した事例や、転勤に対する配慮が検討された事例のあることが認められるから、仮に、Xらが本件配転内示後に転勤を拒むことのできる正当な理由を示して人事部、所属長等に相談すれば、上記の事例と同様の対応がされた可能性を否定できないところ、Xらが…相談等をした形跡はない。

　Xらは、Yから、KSD事件後の経営危機を克服し、…事業を継続するため、年功序列を排して優秀な人材を積極的に登用し、人材育成の観点および事故防止の観点からの配置やローテーションを行うこと、業務推進職…は男女を問わず転居を伴う配置転換の可能性があることを示唆され…、かつ、均等法の趣旨に則り、勤務地について専ら女性であることを理由とした優遇はしないとの告知を受けていたものと認められ…、Xらの自分が異動対象者になるとしても転居を伴う配置転換の内示を受けることはないとの期待に合理的な根拠があるとはいえない。

　Xらの異動先の選択については、業務推進職としての業績低迷の原因がXらの置かれていた環境による部分も

あったことを否定できない以上、Xらの異動先の選択に合理性がないとまではいえず…Xら全員に対して本件配転内示をしたことが…人事権の濫用として違法なものであると認めることはできない。

Xらは、本件配転内示に先立ち、異動対象者に転居を伴う配置転換の可能性を告げて転勤を拒むことのできる正当な理由の申告を促すべきであったとも主張する。なるほど、Yが本件配転内示をするに当たってXらの社会生活や仕事と生活の調和への配慮に欠けるところがなかったとはいえない…。しかしながら、…配慮に欠けるところがあったとしても、配置転換の内示は、労働者にこれを受諾するかどうか検討する機会を与える手続であり、正当な理由を示して内示どおりの配置転換を拒むことができることに変わりはなく、このような手順が踏まれず、かつ、本件配転命令が撤回され、…遠隔地に異動することもなかった本件において、本件配転内示が…Yに対する慰謝料請求権の発生原因になることはないとの判断は左右されない。

配転命令の適法性については東亜ペイント事件（最二小判昭61・7・14）において当該転勤命令につき業務上の必要性が存しない場合または業務上の必要性が存する場合であっても、当該転勤命令が他の不当な動機・目的をもってなされたものであるときもしくは労働者に対し通常甘受すべき程度を著しく超える不利益を負わせるものであるとき等、特段の事情の存する場合でない限りは、当該転勤命令は権利の濫用になるものではないと判示され、実務上、判断枠組は固まっているといえる。しかし、本件でも問題となった配転の手続きについては、下級審において判断が分かれている。たとえばエルメスジャポン事件（東京地判平22・2・8）は、業務上の必要性が高くないにもかかわらず、情報システム専門職としてのキャリアを形成したいという労働者の期待に配慮せず、その理解を求める等の手続きを履践することなく、労務的な業務を担当する部署に漫然と配置したとして権利の濫用を認めた。他方、企業の構造改革に伴う集団的な配置転換の事案であるNTT西日本事件（大阪高判平21・1・15）は、個別の配転の必要性や、配転先での担

当業務等に個別の説明等を行っていなかったとしても、構造改革に伴って業務分担を変更する必要がある旨の告知があれば足り、個別の説明事情聴取は不要としてそれらを行わなかったことをもって権利濫用とはならない旨の判断がなされている。

　本件はＹの構造改革に基づく配置転換手続きとしてどのようなものが求められるのかについて、構造改革という業務上の必要性が高度に求められる事案であり、後者の例によったものである。ケースバイケースではあるが、配転の内示段階で余りに詳細な事情説明までは不要であると解されるが、労働者の理解を得ることができるよう可能な限りの説明の準備をしておくことが有益であろう。

MEMO

育休取得者の定昇差別（労働条件・差別）

－近畿大学事件－（大阪地判平 31・4・24）

弁護士　石井　妙子　　　　　　　　　　　　　［労判 1202 号 39 頁］

男性講師が９カ月育休、定昇なく損害賠償請求

育休を９カ月間取得した男性講師が、定昇が行われず損害賠償を求めた。大学では、前年度 12 カ月勤務した者を１号俸昇給させていた。大阪地裁は、昇給は在籍年数に応じた年功賃金的な制度としたうえで、育休期間以外は就労し、功労を一切否定するのは不合理と判断。不法行為が成立するとした。私傷病休職等で昇給が抑制されていたとしても、育休の場合の不利益取扱いは否定されない。

就労期間あり定昇なしは違法と判断

事案の概要

Y 大学の講師である X は、平成 27 年 11 月から翌年７月まで育児休業（以下「育休」）を取得したが、規程上、昇給には原則 12 カ月の勤務が必要であり、育休その他の休職期間は昇給に必要な勤続期間に算入しないとされていたため、平成 28 年４月１日の昇給が行われなかった。また、平成 24 年の採用時に、採用前の経歴の一部を減年するなどして換算した基準年齢から初任給が決定されていたが、この減年部分等について、勤続５年経過時に再調整措置（以下「減年調整」）が行われなかった。さらに、育休をしたこと

を理由に既払いの増担手当の返還を求めたこと、育児休業給付金の申請手続を遅滞させたことがあり、X は、いずれも不法行為に該当すると主張し、損害賠償として、昇給および減年調整がそれぞれ実施されていた場合の賃金および賞与額と現実の支給額との差額並びに慰謝料等を請求して提訴した。

判決のポイント

1　昇給停止

Y の制度は、在籍年数の経過に基づき基本的に一律に昇給が実施されるものであって、いわゆる年功賃金的な考

え方を原則としたもの…である。昇給
基準日前の1年間のうち一部でも育休
をした職員に対し、残りの期間の就労
状況如何にかかわらず当該年度に係る
昇給の機会を一切与えない…のは年功
賃金の趣旨とは整合しない…。そして、
昇給不実施による不利益は、年功賃金
的な昇給制度においては将来的にも昇
給の遅れとして継続し、その程度が増
大する性質を有することをも併せ鑑み
ると、少なくとも、…一部の期間のみ
育休をした職員に対し、…定期昇給さ
せない取扱いは、育休をしたことを理
由に、…不利益を与えるものであって、
育介法10条の「不利益な取扱い」に
該当する（不法行為が成立）。

仮に、（Yが主張する）能力給であ
るとみるとしても、…現に勤務した期
間における職務能力の向上を一切否定
することは困難である。

また、育休以外の事由による休業の
場合にも昇給が抑制されるという事案
があったとしても、本件育休と不利益
との間の因果関係は否定されない。

2　減年調整の不実施

減年調整の実施要項は、…職員に公
開されていないこと、減年調整による
昇給は、賃金規程上、個別の事情を考
慮することが想定される特別昇給とし

て実施されていること、実施要項は、
…Yの裁量判断の余地を認める文言と
なっていることが認められ、減年調整
については、Yに一定の裁量が…あり、
職員がその実施を求める労働契約上の
権利…は認められない。

Yは、減年調整の実施に際して、…
育休期間の2分の1のみを勤続年数に
算入することとしている…。法は、…
育休による不就労期間を出勤したもの
と取り扱うことまでを義務付けてはい
ないことに鑑みると、上記取扱いは、
育休をした者に対しても一定の配慮を
しながら、現に勤務をした者との間で
調整を図るものとして一定の合理性を
有しているというべきであって、裁量
権の逸脱または濫用…は認められな
い。

3　増担手当の返還請求、
　　　育児休業給付の手続き遅れ

Yは、教員の担当時間が、通年で平
均して週10時間を超えている場合に、
増担手当…を支給し…、年度の途中で
担当時間が減った場合には、…既に支
給した手当の返還を求めている…。…
このような運用が、ただちに不合理と
いうことはできない。しかしながら、
年度の一部の期間について育休をした
場合に、その期間の担当授業時間を0

時間として、…通年で平均することは、育休をせずに勤務した実績までをも減殺する効果を有するもので…、育介法10条の「不利益な取扱い」に該当する。

もっとも、Yが返還請求に理由がないことを認識しながら、殊更にこれを行ったという事情は認められず、返還請求をしたことが直ちに不法行為法上違法であるとまではいえない。また、Xは返還に応じていないのであるから、損害が生じたということはできない。

育児休業給付の…遅れについては、…担当者が故意に誤った事務処理をしようとした…証拠は認められず、…不法行為法上違法であったとまでは評価することはできない。

4　損害賠償

Xは、昇給の不実施の点について、不法行為に基づく損害賠償請求権を有する…。財産的損害の填補によってもなお賄いきれない精神的苦痛が発生したとは認められず、慰謝料請求については理由がない。

応用と見直し

育児休業に関しては法改正が重ねられ、育児休業のほか育児時短等の諸制度が整備された。企業においても、真摯な取組みにより、制度の整備がなされている。

そのような中で、育休や育児時短等による不就労について、これを人事評価や昇進・昇格にどのように反映するかは、重要かつ困難な課題となっている。

もとより、権利行使を抑止しようという意図で、評価等においてことさら不利益に扱うのは違法というべきである。この点に関して、以前は、他の休業との比較が判断の基準といわれた。昇給等において、病気休職制度と同様の扱いがなされていれば、育休を狙い撃ちしたわけではなく、よって、育休を理由とする不利益扱いには該当せずと考えられていた。本件でも、Yは他の休業と同じ扱いであるとして反論しているが、しかし判決は、あっさり私傷病休職と同じ扱いだというのは抗弁にならないとしている（本件のほか、大阪高判平26・7・18も病気欠勤や休職とは一緒にできないとした）。

使用者に、権利行使を抑止しようなどといった意図はなく、休職せずにコンスタントに労務提供をしている者とのバランスや公平性を考慮した結果の扱いであるということが多いと思われるが、育休等は、法定の権利行使によ

る不就労であるということで、他の休職と同じ扱いであるというだけでは許容されない傾向があるとみられる。

　もっとも、企業の人事制度や賃金制度は様ざまであるから、一律にどのような扱いが正しいとも言い難い。判決は能力主義賃金であっても結論は同じであるかのようにいい、確かに職能制度であれば年功的な要素があるから同様かもしれないが、成果主義を徹底しているような場合は別であろう。

　トラブル回避のためには、対象者に対しては、制度の趣旨や考え方について説明し、評価等についてきちんとフィードバックを行うなどしておくことも必要である。

MEMO

無期と有期の手当に関する賃金格差

（労働条件・賃金）

－井関松山製造所事件－（松山地判平 30・4・24）

弁護士　石井　妙子　　　　　　　　　　　　　　　　［労判 1182 号 20 頁］

同じ製造ライン配属の無期と有期で手当相違？

　無期契約者と同じ製造ラインで働く有期労働者が、賃金の相違は不合理として手当の支給などを求めた。松山地裁は、ミス発生時の対応など責任の程度は異なるが、有期も配偶者等がいることにより生活費が増えるのは同じとして家族手当の不支給を不合理と判断。その他住宅手当や精勤手当の賠償も命じた。賞与は寸志が支給され、正社員登用の実績があることも勘案して請求を斥けた。

家族手当等の不支給は不合理だが、賞与は差を認容

事案の概要

　Xらは、Y社との間で有期労働契約を締結している者（以下「有期」という）である。Y社と無期契約を締結している従業員（以下「無期」という）とXらとの間に、賞与、家族手当、住宅手当および精勤手当に関して不合理な相違が存在すると主張して、Y社に対して、当該労働条件の定めは労働契約法20条により無効であり、Xらには無期に関する就業規則等の規定が適用されることになるとして、主位的に、当該就業規則等の規定が適用されること

を前提に賃金として、予備的に、不法行為に基づく損害賠償として、実際に支給された賃金との差額およびこれに対する遅延損害金の支払いを求めた。

判決のポイント

1　職務の内容

　Xらと同一の製造ラインに配属された無期との間で、その定常業務の内容に…大きな相違があるとはいえない。

　業務に伴う責任の程度に関しては、作業ミスが発生した場合、…品質不具

合の再発防止のための対応について
は、無期のみが、再発防止の継続およ
び改善対応を実施し、その責任を負う。
したがって、…無期と有期で業務に伴
う責任の程度が一定程度相違している
と認められる。

2　職務の内容および配置の変更の範囲

無期は、将来、組長以上の職制に就
任し部下を指揮する立場や組長を補佐
する立場となる等して重要な役割を担
うことを期待されて、定期的な研修が
実施されているほか、職能資格の昇格
時には特定の…カリキュラムを受講す
ることが義務付けられるなど、継続的
な教育訓練と長期間の勤務経験を積み
ながら育成されるものと認められる。
…職務の内容および配置の変更の範囲
に関して、人材活用の仕組みに基づく
相違があると認められる。

3　その他の事情

無期であって職制にある 11 名のう
ち、9 名が、「中途採用制度」により
有期から中途採用されており、無期と
有期の地位が必ずしも固定的でないこ
とは、相違の不合理性を判断する際に
考慮すべき事情といえる。

4　本件相違の不合理性

⑴賞与：無期と有期で業務に伴う
責任の程度が一定程度相違しているこ
と、…将来、職制に就任したり、職制
を補佐する立場になったりする可能性
がある者として育成されるべき立場に
ある無期に対してより高額な賞与を支
給することで、有為な人材の獲得とそ
の定着を図ることにも一定の合理性が
認められること、X らにも夏季および
冬季に各 5 万円の寸志が支給されてい
ること、中途採用制度により有期から
無期になることが可能で、その実績…
を総合して勘案すると、一季 30 万円
以上の差…も、賞与における相違が不
合理なものであるとまでは認められな
い。

⑵家族手当：生活補助的な性質を有
しており、労働者の職務内容等とは無
関係に、扶養家族の有無、属性および
人数に着目して支給されている。…無
期の職務内容等に対応して設定された
手当と認めることは困難である。配偶
者および扶養家族がいることにより生
活費が増加することは有期であっても
変わりがない…（不支給は不合理）。

⑶住宅手当：住宅費用の負担…を補
助する趣旨であると認められ、…無期
の職務内容等に対応する手当と認める

ことは困難であり、有期であっても、住宅費用を負担する場合があることに変わりはない。…また、無期でも、勤務地の変更を伴う異動は想定されていないから、無期が有期に比して、潜在的に住宅費用が高くなると認めることは困難である（不支給は不合理）。

⑷精勤手当：精勤手当の趣旨としては、…欠勤日数の影響で収入が不安定であるため、かかる状態を軽減する趣旨が含まれると認められる（不支給は不合理）。

5　20条違反の効力

労働契約法20条に違反する取扱いには、民法709条の不法行為が成立する場合があり得るものと解される（損害賠償請求を一部認容）。

 応用と見直し

平成30年12月に「短時間・有期雇用労働者および派遣労働者に対する不合理な待遇の禁止等に関する指針」（平30厚生労働省告示430号）が公布された。

指針では、精皆勤手当、時間外・休日労働の割増率、通勤手当などは原則、通常の労働者（正社員）と同一の扱いが求められている。これらについては、

ハマキョウレックス、長澤運輸の最高裁判決、その他下級審裁判例も、同様の結論である。本件の精勤手当を設けた趣旨は不明確で、本判決の理由付けは疑問であるが、結論は多数派に属するものである。

賞与について、指針は、会社の業績等への貢献に応じて支給する場合には、同一の貢献である非正規労働者には、同一の支給をすべきとしている。しかし、賞与の制度設計、趣旨等は一律ではないことから、裁判例には、相違があっても不合理でないとするものがある（本件のほか大阪医科薬科大学事件＝大阪地判平30・1・24、ヤマト運輸事件＝仙台地判平29・3・30）。

家族手当、住宅手当については、指針にも具体的な考え方は示されておらず、総論としての考え方の箇所に「各事業主において、労使により、個別具体の事情に応じて待遇の体系について議論していくことが望まれる」とされるにとどまる。手当の格差に関しては、各手当の趣旨目的に照らして相違が不合理か否か個別に判断する手法が採られ、企業によって制度趣旨や人材活用の仕組み等はまちまちであるから一概にはいえないものの、裁判例による事案の集積が待たれるところである。

現在までのところ裁判例の傾向として、住宅手当については、正社員と非正規とで転勤の有無・範囲が異なるかどうかが重要なポイントとみられる（本件のほか、ハマキョウレックス事件＝最二小判平30・6・1、日本郵便事件＝大阪地判平30・2・21、日本郵便事件＝東京高判平30・12・13）。

家族手当について、長澤運輸最高裁判決（平30・6・1）は、定年後再雇用の事案であったから、正社員には広い世代の労働者が存在し得るので、住宅費および家族を扶養するための生活費を補助することには相応の理由があるとしたが、定年後再雇用でない事案では、前記日本郵便の大阪地裁判決が扶養手当の格差は不合理としている（なお、控訴審では不合理ではないとされた大阪高判平31・1・24）。そもそもこのような属人的な生活保障給は見直されるべき時期にあると考えるが、目下のところ、注目されるのは、家族手当の相違が20条に抵触するかどうかであろう。本件は、20条抵触とした裁判例が追加されたものとして注目される。

MEMO

復職者の手当不支給の可否（労働条件・賃金）

－一心屋事件－（東京地判平 30・7・27）

弁護士　緒方　彰人

［労経速 2364 号 24 頁］

復職後は業務軽減し手当減、休職前の賃金請求

ケガから復職時に業務変更と手当減額の打診を拒否した元従業員が、就労できなかったのは会社の責任として休職前の賃金を請求した。会社は、負担軽減のため業務を限ったと主張。東京地裁は、職務に対応する手当の廃止は許容されるが、定額残業代の不支給と通勤手当の減額は、人事権行使の範囲にとどまらず同意なく決定できないとした。使用者の責めに帰すべき事由による不就労と認定された。

定額残業代と通勤手当の減額は人事権行使の範囲でない

 事案の概要

原告は平成 25 年 9 月 21 日、被告との間で雇用契約を締結し、被告の調理部門および業務（配送）部門の双方の業務を行い、調理、盛付、配送・回収、清掃、洗浄業務等に従事していた。

平成 28 年 4 月 24 日、原告は、右手薬指をおにぎりを製造する機械に挟み、右環指指尖部損傷の損害を負い、4 月 25 日から休職した。10 月 3 日、原告は、医師からの就労可能という診断を踏まえ、復職の申入れを行ったが、被告は、勤務場所を調理部（洗浄室）に変更すること、時間外手当について 7 万円の定額支給から実際に残業した時間について割増賃金を支払う方法に変更すること、通勤手当も 3 万円から 1 万円に減額する旨の提案（以下「本件提案」という）を行うとともに、同提案に対する同意書に署名押印することを求めた。これに対し、原告は、被告が提案した労働条件での復帰には同意できない旨を伝えたうえで、10 月 11 日、被告に赴くと、原告のタイムカードは準備されていなかった。被告からは原告が被告で働く以上、本件提案に対する同意書に署名して提出してもらいたいとの意向を有している旨の説明を受けた。原告は、就業せずに帰宅した。

平成 29 年 1 月 24 日、被告代理人

のN弁護士は、原告代理人に対し、原告の勤務場所を調理部（洗浄室）とすること、月額賃金を休職前と同額（35万1600円）とし、このうち時間外手当7万円は定額残業代として扱うこと等を内容とする暫定和解の提案をしたが、なおも原告は、復職に応じず、平成29年3月1日になって、被告に復職した（同月27日に退職）。原告は、復職に当たり、被告が勤務内容の変更と賃金の減額を打診したことは、被告の責めに帰すべき事由による労務遂行の不能（民法536条2項）に該当すると主張して、上記打診後の賃金相当額の支払いを求め訴訟提起した。

 ## 判決のポイント

①被告が人事権の行使として、同様の事故が起こらないように配慮する目的でその勤務内容を決定すること（や）…勤務内容の変更に伴い、職務に対応する手当等の支給が廃止することも許容される場合があり得る。しかし…被告は、原告との交渉において、時間外手当の定額支給を残業時間について割増賃金を支払う方法に変更することおよび通勤手当の2万円減額を提案している。…被告の提案は、人事権行使の裁量の範囲に留まらない賃金減額を含むものと言わざるを得ず、…

原告が平成28年10月11日に被告に赴いた際には、…原告のタイムカードは準備されておらず、…原告に対して同意書に署名して提出をしてもらいたいとの意向…を伝えているのみであり、…11日時点では、被告は、労働条件の不利益変更に関する同意書に署名しない限り原告の就労を受け入れないとの態度を示していたものと評価できるから、原告の不就労について、被告には責めに帰すべき事由があるといえる。

②被告は、N弁護士を通じて平成29年1月24日に原告に対して休職前と同額の賃金で調理部（洗浄室）にて勤務するとの労働条件の提案を行っているところ、これにより…労働条件の不利益変更に対する同意を求める状況は解消されたものと評価できる。…25日以降は、原告の不就労について、被告に責めに帰すべき事由はないものといえる。

 ## 応用と見直し

労働契約は、労働者の労働提供と使用者の賃金支払いとが対価関係に立つ契約である（労契法6条）。したがって、労働者の労働がなされた場合に賃金請求権は発生し、労働者の労働がなされなかった場合には、賃金請求権は発生しないことが原則である（ノーワーク・

ノーペイの原則)。

　もっとも、労働者の労働がなされなかったことが、「使用者の責めに帰すべき事由」(民法536条2項)に基づくときは、労働者は、賃金請求権を失わない。典型的には、不当な解雇等に基づき使用者が労務の受領拒否をした場合であるが(ヴイテックプロダクト事件＝名古屋高判平26・9・25)、本件のように、復職時の労働条件等についての協議が整わず、労働者の労働がなされなかった場合にも、それが「使用者の責めに帰すべき事由」に基づくものか争われるケースがある。

　このようなケースとして、会社の臨時従業員が、使用者が従業員で組織する組合の活動を抑制するため雇い入れた者らから会社事業場内で集団的に暴行を受け負傷したが、その後も使用者は十分な安全確保措置を講じなかったために就労ができなかった事案(新聞輸送事件＝東京地判昭57・12・24)、違法な解雇を撤回したものの、復帰に当たり、部長職の解任と賃金を引き下げる旨の通知を行い、就労場所・勤務内容も明らかにしなかった事案(アリアス事件＝東京地判平12・8・25)、違法な配転命令を撤回後も、配転命令の違法性を認めず、同様のことがなされるおそれがあり、また営業手当に

一定の時間外労働賃金が含まれるという立場を改める意向を示さなかったため、適法な時間外労働賃金の支払いがなされないおそれがあった事案(ナカヤマ事件＝福井地判平28・1・15)などにおいて使用者の責めに帰すべき事由に基づく労務の履行不能としたものがある。

　また、長期間のロックアウトやストライキが解除された後の就労復帰時には、改めて賃金等の労働条件を協定し、かつ職務に適応できるよう教育訓練を行う必要があるところ、職場復帰の条件等を確定するのに要する相当期間については、使用者の責めに帰すべき事由に基づく労務の履行不能とはいえないが、相当期間後は、使用者の責めに帰すべき事由に基づく労務の履行不能に当たるとしたもの(本山製作所事件＝仙台地判平15・3・31)などがある。

　本件は、休職から復職する際に、使用者が、従業員に対し、勤務内容の変更と賃金の減額を内容とする本件提案を行い、それに同意することを求めた事案である。本件提案は、人事権行使の範囲にとどまらない賃金の減額を含むものであったため、そのような状況下では、就労をしても対価である賃金の支払いが適切になされないおそれがあり、就労環境が整っていないから、

「使用者の責めに帰すべき事由」に基づく不就労といえるが、使用者から休職前と同額の賃金の支払いを行う意向が示された以降は、上記のようなおそれは解消されたから、「使用者の責めに帰すべき事由」に基づく不就労とはいえないと判断したものと思われる。

MEMO

完全歩合給適用と割増賃金（労働条件・賃金）

－大島産業事件－（福岡地判平 30・9・14）

弁護士　岩本　充史

［労経速 2367 号 10 頁］

完全歩合給で採用、賃金規程は固定給のみ

　トラックの元運転者が、賃金規程にない歩合給が適用されたとして未払割増賃金などを求めた。賃金は、路線単価に貨物の量に応じた率を乗じていた。福岡地裁は、就業規則の日給月給制と異なる条件に合意したとしても、労働者に有利でなければ無効と判断。出来高給の割増賃金は 25％のみであり、就業規則の最低基準効に反するとした。路線単価の合計額を割増基礎としている。

就業規則下回る条件は無効、割増 25％のみで不利益

 事案の概要

　本件は、Ｙ社に雇用されて長距離トラック運転者として稼働していたＸが、Ｙ社に対し、未払賃金や労基法 114 条に基づく付加金等の支払いを求めるとともに、Ｙ社が、Ｘに対し、Ｘが業務指示を受けていた運送業務を無断で放棄したため、Ｙ社は受注していた運送業務を履行できず損害を被ったと主張して、不法行為または債務不履行に基づく損害の賠償を求めた事案である。

　本件における争点は 11 点にも及ぶため、実態と異なる賃金算定方法を定めた就業規則の適用の可否と業務の無

断放棄によるＸの損害賠償責任の有無について紹介する。

1　事実関係

　Ｘの所定の労働条件は次のとおりである。

(ｱ)　雇用形態　正社員

(ｲ)　期間　期間の定めなし

(ｳ)　職務内容　長距離貨物 10 トントラックの運転

(ｴ)　勤務地　本店勤務

(ｵ)　賃金支払方法　毎月 20 日締め、翌月 5 日払

(ｶ)　所定労働時間　始業時刻午後 5 時、終業時刻翌午前 3 時 20 分、休憩時間 2 時間 20 分

Y社は、Xに対し、いわゆる出来高で賃金を支払っていた。

Y社の本件就業規則には、「この規則は、会社に勤務するすべての従業員に適用する。ただし、パートタイマー等就業形態が特殊な勤務に従事する者について、その者に適用する特別の定めをした場合はその定めによる」旨の定めがあり、賃金規程では基本給は日給月給とされていたが、長距離トラック運転者について特別の定めはなかった。

（Xの失踪）

Xは、平成25年9月28日、Y社の本店で点呼を終えた後、同日の運送業務を履行せず、Y社からいなくなった（「本件失踪」）が、同年10月5日頃までに、Y社に戻って勤務を再開した。

 判決のポイント

(1) 本件就業規則等の適用有無

使用者と労働者が労働契約を締結する際、合理的な労働条件が定められた就業規則が周知されていた場合、これと異なる労働条件の合意がない限り、就業規則に定められた労働条件が適用

される（労契法7条）。本件就業規則は、「会社に勤務するすべての従業員に適用する。ただし、パートタイマー等就業形態が特殊な勤務に従事する者について、その者に適用する特別の定めをした場合はその定めによる」と定めており、長距離トラック運転手について「特別の定め」はないから、文言上、長距離トラック運転手にも適用されるものとなっている。そして、本件就業規則等の内容は、…長距離トラック運転手である労働者に適用しても不利益をもたらすものとは解されない。そうすると、本件就業規則等は、長距離トラック運転手にも適用される就業規則であって合理的な労働条件を定めるものであるから、XとY社が本件就業規則等とは異なる労働条件を合意したものと認められない限り、本件労働契約の内容となるものであり、したがって、Xには本件賃金規程の定める日給月給制が適用されるというべきである。

本件就業規則等と異なる労働条件の合意が存したとしても、その内容が本件就業規則等よりもXに有利なものでない限り、当該合意は無効である（労契法12条）。…出来高払制では、…基礎賃金の0.25倍の時間外割増賃金…等の支払の有無が問題となるのみである。他方、本件賃金規程では1.25

以上の割増率が定められており、…出
来高払制よりも労働者に有利なものと
いえる。…本件就業規則等と異なる労
働条件の合意があったとしても、就業
規則の最低基準効に反して無効…とい
わざるを得ない。

(2) 本件失踪に関する損害賠償責任の有無

F常務は、…平成25年9月28日
の…路線①および同月30日の…路線
②をXに指示していたところ、Xの本
件失踪によって、路線①は履行不能と
なり、路線②は代替のK運転手に担当
させたが、同日にK運転手が担当す
るはずだった…路線③は履行不能と
なり、Y社は路線①の受注金額9万
2480円および路線③の受注金額9万
1170円を得られなかった。路線①の
受注金額から経費を控除すると2万
1640円となり、路線③の受注金額か
ら経費を控除すると3万8382円とな
る。

労働者は、労働契約上の義務として、
具体的に指示された業務を履行しない
ことによって使用者に生じる損害を、
回避ないし減少させる措置をとる義務
を負うと解される。

そして、Xは路線①および②の運
送業務を具体的に指示されたにもかか

わらず、トラック内に退職する旨の書
置きを残したのみで無断欠勤し、前記
運送業務を履行しなかったものである
が、これは前記の使用者に生じる損害
を、回避ないし減少させる措置をとる
義務に違反する行為であり、…Y社に
6万22円の損害が生じたものである。

 応用と見直し

(1) 実態と異なる労働条件を定めた就業規則の適用の有無

Y社は当初長距離運送業を行ってお
らず、本件就業規則等が制定された当
初は土木工事に従事する従業員の固定
給を想定していた。その後、長距離運
送業を営むようになったが、本件就業
規則等を改正せずにいた。本判決では
上記のとおり、本件就業規則の文言、
長距離トラック運転者に本件就業規則
を適用しても不利益をもたらすもので
はない等と判断した。このような解釈
は、Y社の規程を形式的に読む限り素
直であろうが、他方、就業規則の制定
権者である使用者の意思に反するもの
であろう。そして、始業終業時刻、所
定労働時間、賃金決定方法等が全く異
なることからすると、就業規則の合理
的な解釈をしてそもそも長距離トラッ

クの運転者については本件就業規則の適用はないとすることも可能であったのではないかと思われる（就業規則の作成義務違反〈労基法89条〉の問題として整理する）。しかし、実務上は、就業規則の適用を受けない労働者が存在することのないよう、作成義務を履行することが必要であることはいうまでもない。

(2) 労働者の損害賠償責任

本判決は、Xの乗務放棄によってY社に生じた損害の全額についてXの賠償責任を認めた。使用者の労働者の義務違反に対する損害請求は、損害の公平な分担という見地から信義則上相当と認められる限度においてこれが認められるとする判例があるが（茨石事件＝最一小判昭51・7・8）、本件は信義則上、使用者の労働者に対する損害賠償請求権の行使を制限すべき事情がないと判断したものであり、参考となろう。

MEMO

嘱託再雇用社員の賃金減額幅の可否

（労働条件・賃金）

－日本ビューホテル事件－（東京地判平 30・11・21）

弁護士　渡部　邦昭

［労経速 2365 号 3 頁］

定年後も営業職、嘱託再雇用され賃金半分に…

　定年後に再雇用された後も賃金が漸減するなど定年前から半減したのは不合理として、差額賃金等を求めた。東京地裁は、55 歳の役職定年後の賃金は 14％の減額に留まり、職務の差異と比べて高額と評価。定年後も営業職だが売上げの評価やクレーム対応、配転の有無が異なり、55 歳以降の賃金を激変緩和措置と考慮した。賃金の決定に労使協議がなくても影響は及ばないとした。

責任や配転の有無が異なり不合理な差異ではない

 事案の概要

　使用者たる会社は、不動産の賃貸、ホテル、旅館および観光施設の経営等を目的としている株式会社である。

　甲は、昭和 25 年生まれ（男性）で、昭和 52 年 2 月、会社との間で無期労働契約を締結し、ホテル事業部に配属されてから、営業職正社員として稼働していたところ、甲は平成 16 年 4 月 16 日に営業課支配人という役職に就き、翌平成 17 年 3 月 16 日に役職定年（55 歳）により役職を退き、平成 22 年 5 月 23 日に 60 歳で定年退職した。

　甲は、平成 22 年 5 月 24 日から定年後再雇用として会社の有期嘱託社員となり、65 歳以降は、平成 27 年 5 月 23 日から平成 28 年 4 月 15 日まで臨時社員として職務を続けた。その間の賃金は、平成 22 年 6 月支給分が約 26 万円で、以後徐々に下がって、平成 27 年 5 月分は約 21 万円、臨時社員時は時給 1150 円であった。甲は、有期労働契約である嘱託・臨時社員の賃金額と無期労働契約である定年退職前の正社員の賃金額との相違は、期間の定めがあることによる不合理な労働

条件の相違であるから労働契約法20条に違反するとして、会社に対し、不法行為による損害賠償請求として定年退職前後の賃金の差額相当額約688万円等の支払いを求めて、訴えを提起した。

定年後の嘱託・臨時社員の賃金額が約半額となったことが、労契法20条の趣旨に照らして適法といえるかが本件の争点である。本判決は、およそ以下のように判示して、甲の請求を斥けた。

 判決のポイント

(1)労契法20条は、…有期契約労働者と比較対照すべき無期契約労働者を限定しておらず、…まずは甲が措定する有期契約労働者と無期契約労働者とを比較対照…し、会社が主張するような他の正社員の業務内容や賃金額等は、その他の事情として…総合的に考慮…するのが相当である。

(2)役職定年後かつ定年退職前の甲の業務は、人事考課等に影響する売上目標を課せられるという状況下における営業活動業務に加え、非ラインの管理職として支配人等のラインの管理職を補佐する地位において、…顧客からのクレーム対応などの相応の責任を伴う

業務もその内容となっていた一方で、定年退職後の業務は、営業活動業務のみに限定され、しかも…売上目標が達成できない場合には人事考課等に影響するという人事上の負担が正社員よりも軽減され…、業務内容およびその責任の程度は大きく異なっていた。

(3)異動を伴う配転の運用の実際を見ると、…嘱託社員および臨時社員については、…配転の実績がない。

(4)「その他の事情」として、役職定年後…管理職としての権限および責任は大幅に減少し…、一方で、年俸…の減少幅は最大で14％であり、…職務内容の差異の程度と比較して見た場合には両者は必ずしも均衡しているということはできないから、激変緩和措置として…高額に設定されているものとみることができる。正社員に係る賃金制度が、長期雇用を前提として年功的性格を含みながら、各役職に就くことなどに対応したものであるのに対し、嘱託社員および臨時社員の賃金制度は長期雇用を前提とせず年功的性格を含まず、役職に就くことも予定されず、かつ高年齢者雇用継続基本給付金が支給されることを組み込んでいるものである…。また、甲の定年退職時の年俸の月額と…嘱託社員時の賃金月額を比較すると、…約54％である。臨時社

— 51 —

員時…は、約50％である。しかしながら、嘱託社員および臨時職員時の甲と業務内容等が共通する…ステージないし等級の正社員の…賃金総額（20〜26万円）と比較すると、…不合理に低いとまではいえない。

⑸嘱託社員および臨時社員の賃金額の決定過程に労使協議が行われていないことを踏まえてもなお、甲の定年退職時の年俸の月額と嘱託社員および臨時社員時の基本給および時間給の月額との相違が不合理であると認めることはできない。

 応用と見直し

労契法20条は、期間の定めがあることによる不合理な労働条件を定めることを禁止している。定年後の再雇用者について、定年前後の賃金等の相違の不合理性は長澤運輸事件（最二小判平30・6・1）が判例上の指針を示している。即ち、

①有期契約労働者が定年退職後に再雇用された者であることは、労契法20条にいう「その他の事情」として考慮されることとなる事情に当たると判断される。

②有期契約労働者と無期契約労働者との個々の賃金項目にかかる労働条件の相違が不合理と認められるものであるか否かを判断するに当たっては、両者の賃金の総額を比較することのみによるのではなく、当該賃金項目の趣旨を個別に考慮すべきものと解するのが相当である。

③無期契約労働者に対して能率給および職務給を支給する一方で、有期契約労働者に対して能率給および職務給を支給せずに歩合給を支給するという労働条件の相違が、労契法20条にいう不合理と認められるものに当たらない。

④正社員に対して精勤手当を支給する一方で、嘱託乗務員に対してこれを支給しないという労働条件の相違は、不合理であると評価することができるものであるから、労契法20条にいう不合理と認められるものに当たると解するのが相当である。

⑤有期契約労働者と無期契約労働者との労働条件の相違が労契法20条に違反する場合でも、同条の効力により、有期契約労働者の労働条件が比較の対象である無期契約労働者の労働条件と同一のものとなるものではないと解するのが相当である。

⑥正社員の超勤手当の計算の基礎に精勤手当が含まれるにもかかわらず、嘱託乗務員の時間外手当の計算の基礎

には精勤手当が含まれないという労働条件の相違は、不合理であると評価することができるものであるから、労契法20条にいう不合理と認められるものに当たると解するのが相当である。

　本判決も長澤運輸事件判決において示された判断基準に沿った判断を下しており、判断の過程としては妥当なものといえよう。長澤運輸事件の判決は、高年齢者の定年後の再雇用時における賃金等の取扱いで再雇用後に2割程度賃金を引き下げられたことを不合理で

はないと判断しているものである。これに対して、本件では、定年後再雇用時に定年前の賃金等より約半額に減額となっており、この点、異論のあるところかもしれない。ただ、本判決では、会社が激変緩和措置を講じていると評価し得る点を指摘し、不合理ではないとしている。高年齢者の定年後の再雇用が定着するにつけ、結果の妥当性の観点から、今後、さらに検討されるべき課題であるといえる。

MEMO

臨時職員と正社員との基本給格差

（労働条件・賃金）

－産業医科大学事件－（福岡高判平 30・11・29）

弁護士　緒方　彰人　　　　　　　　　　　　　［労経速 2370 号 10 頁］

> ## 30 年以上働き基本給は正社員の半分で"不合理"か
>
> 　30 年以上事務系業務に従事する臨時職員が、正職員の基本給と 2 倍近い差があるのは不合理として賠償を求めた。福岡高裁は、職務の内容等に違いはあるが、長期雇用は採用時予定していなかった事情で考慮すべきと判断。正職員が主任として管理業務に昇格する前の業務を、臨時職員の「類似業務」として、基本給 3 万円の差を不合理とした。団交で賃金を引き上げたが判断を左右しないとした。

業務類似の時期ありとして賠償命じる

 事案の概要

　被控訴人は、大学および大学院を運営する学校法人である。

　控訴人は、昭和 55 年に臨時職員として採用され、その後、契約更新が繰り返され、その勤続年数は 30 年以上になる。控訴人の業務内容は、学会等の開催に関する業務、奨学寄附金等の外部資金の管理、講義資料の作成等の教務関係業務等である。臨時職員とは、1 月以上、1 年以内と期間を限定して雇用される職員であって、大学病院開院時の人員不足を一時的に補う目的で採用されたもので、昭和 54 ～ 57 年まで、採用が続けられた。他方、被控訴人は、昭和 55 年から臨時職員に対する正規職員への採用試験、同登用を行っていたが、昭和 63 年以降は、一般応募者と同様に、正規職員採用試験を受験することとした。なお控訴人は、一度、受験したが、合格扱いとはされず、その後は、受験することはなかった。臨時職員の給与月額は 15 万 3050 円とされ、定期昇給はないが、人事考課も行われることなく、業務内容の変更や異動もなかった。

　これに対し、正規職員は、定年制の

下、等級役職制度が設けられており、人事考課制度を通じて、職務遂行能力に見合う等級・役職への格付けが行われ、また全ての部署への配属や出向を含む異動があり、将来、被控訴人の中核を担う人材として登用される可能性があった。平成25年から27年当時（以下「比較対象期間」という）、控訴人の給与月額は、ほぼ同じ頃に採用された正規職員（以下「対照職員」という）の基本給（棒給）との間に約2倍の格差が生じていた。

控訴人は、正規職員の基本給との格差は不合理であるとして訴訟を提起した。原審（福岡地裁小倉支判平29・10・30）は、控訴人の請求を棄却したため、控訴人が控訴した。

 判決のポイント

①臨時職員…が、30年以上もの長期にわたり雇い止めもなく雇用されるという、その採用当時に予定していなかった雇用状態が生じたという事情は…労働契約法20条にいう「その他の事情」として考慮される。

②（対照職員の一部は）教務職員を含む一般職研究補助員として控訴人と類似した業務に携わり、業務に対する習熟度を上げるなどし、採用から6年ないし10年で主任として管理業務に携わるないし携わることができる地位に昇格した。…比較対象期間およびその直近の職務の内容並びに職務の内容および配置の各変更の範囲に違い…を踏まえても、30年以上の長期にわたり雇用を続け、業務に対する習熟度を上げた控訴人に対し…控訴人と学歴が同じ短大卒の正規職員が管理業務に携わるないし携わることができる地位である主任に昇格する前の賃金水準すら満たさず、現在では、同じ頃採用された正規職員との基本給の額に約2倍の格差が生じているという労働条件の相違は、同学歴の正規職員の主任昇格前の賃金水準を下回る3万円の限度において不合理である。

③被控訴人は、組合との交渉の結果、平成25年4月から臨時職員について嘱託社員への切り替えによる3万円の基本給の引上げを提案し、組合や、控訴人を除く臨時職員全員（4人）…が了承し、控訴人についても同様の基本給のベースアップを実施した。…臨時職員については…その数が少数になって（おり）…団体交渉等による労使自治により、労働条件の改善が図られていたということができない事情があった。…上記賃金引上げの実施は、…上記認定を左右するものではない。

本件は、正規職員の基本給（俸給）と臨時職員の給与月額との相違が不合理と判断されたものである。しかし、その判断には、いくつかの疑問がある。

　まず、①本件の正規職員は、定年制の下、長期雇用が予定され、その間、異動を含む業務内容の変更があるほか、将来、中核人材として登用される可能性があったのに対し、臨時職員は、病院開院時の人員不足を一時的に補う目的で、1月以上、1年以内と期間を限定して雇用される職員であって、業務内容の変更や異動は予定されておらず、将来、中核人材として登用されることも予定されていなかった。このようなことからすれば、正規職員の基本給と臨時職員の給与月額の定め方を異にして、正規職員については、人事考課を通じて、職務遂行能力に見合う等級・役職への格付けを行い、それをもとに基本給を定め、臨時職員については、給与月額を一定額とすることも不合理とはいえないと思われる。

　②問題は、控訴人のように勤続年数が長期になった場合、正規職員の基本給と臨時職員の給与月額の相違が不合理ということになるのかということである。この点、本件判旨は、勤続年数が長期となり、業務に対する習熟度を上げたことを理由に、控訴人の給与月額について正規職員の主任昇格前の賃金水準を下回る3万円の限度において不合理であると判示する。しかし、正規職員の基本給は、単に勤続年数により、昇給されるものでなく、あくまでも人事考課を通じて、職務遂行能力に見合う等級・役職への格付けを下に決定されるものである。また人事考課は、能力・情意・業績などの複数の項目をもって査定が行われることが通常で、単に業務に対する習熟度のみにより、職務遂行能力の向上があったと判定されるものでもない。すなわち、控訴人の職務遂行能力についての認定のないまま（そもそも業務に対する習熟度についての認定もない）、控訴人の給与月額について正規職員の主任昇格前の賃金水準を下回る3万円の限度において不合理とする本件判旨は、論理の飛躍があるといわざるを得ない。

　③さらに本件判旨は、臨時職員の処遇の労使合意があったことについて、臨時職員の数が少数であったことを理由に団体交渉等による労使自治により、労働条件の改善が図られていたということができない事情があったと判示する。確かに臨時職員の数は少数であったが、控訴人を除く4人が被控

訴人の提案を了承しているのである。このような状況の下なされた労使合意は、少数者である臨時職員の利益を適切に代表したものといえ、尊重されるべきと考えるのが相当である。

④そもそも、控訴人は、正規職員登用の機会を与えられながら、一度受験したきり、その後は臨時職員のままでいることを選択しているのである。自らキャリアアップを望まない労働者の処遇を正規職員に準じたものとすることが公正な均衡を図るということなのであろうか。疑問を禁じ得ない。

MEMO

正社員と契約社員の手当の差異

（労働条件・賃金）

－日本郵便（東京）事件－（東京高判平 30・12・13）

弁護士　岡芹　健夫　　　　　　　　　　　　　　［労経速 2369 号 3 頁］

手当なしは不合理、損害額は手当金額に？

契約社員に住居手当がないのは不合理として、正社員の 6 割相当額の賠償等を命じた事案の控訴審。東京高裁は、比較した新一般職と職務の内容等に相違はあるが転居を伴う異動はともに予定されていないとして、住居手当全額の賠償を命じた。病気休暇を正社員は有給、契約社員は無給としたことも不合理で、病気休暇の代わりに取得した年休の賃金相当額を損害額とした。賞与等の請求は斥けた。

住居手当全額の賠償命じる、無給の休暇も不合理

 事案の概要

Y 社は、郵便事業を営む株式会社であり、X ら（3 人）は、Y 社（およびその前身）との間で、有期労働契約を更新してきた時給制契約社員(以下「契約社員」)である。

Y 社の正社員は、平成 26 年 4 月以降の新人事制度により、管理職、総合職、地域基幹職および新一般職の各コースが設けられた（以下、新制度前の「企画職」群でも「技能職」群でもない「一般職」群の正社員を「旧一般職」という）。地域基幹職（郵便コース、窓口コースおよび企画コース）は、営業・お客様へのサービスの提供・業務運行・企画実施業務など、事業に応じた幅広い業務に従事する者で、勤務地は原則として会社指定の地域内とされた。新一般職は、窓口営業、郵便内務、郵便外務または各種事務等の標準的な業務に従事する者で、役職層への登用はなく、勤務地は原則として転居を伴う転勤がない範囲とされた。

業務内容は、正社員のうち旧一般職および地域基幹職は、幅広く従事することが想定されており、郵便局を異にする異動だけでなく、同一局内でも配

置転換が行われることがある。他方、新一般職は、窓口営業または各種事務等の標準的な業務に従事し、役職層等が担当する管理業務を行うことは予定されていない。契約社員は、特定の定型業務に従事するものであり、幅広く従事することは想定されていない。

契約社員の中には、正社員と異なり、短い勤務時間や勤務させない曜日を予め合意している者もいる。また、人事評価も、契約社員には、人材開発、関係構築・自己研鑽、状況把握・論理思考等や組織貢献加点評価等の正社員にある評価項目はない。また、正社員の旧一般職および地域基幹職は、昇任昇格が予定され、新一般職は同一コース内での昇任昇格は予定されていないものの、本人が希望すれば…正社員地域基幹職へのコース転換が可能である。契約社員には、そもそも職位が付されておらず、昇任昇格もない。

配置転換については、正社員は、就業規則において、出向、転籍または就業の場所もしくは担当する職務の変更を命じることがある。実際、地域基幹職は配置転換が行われ、新一般職も、転居を伴わない範囲において人事異動等が命じられる可能性があり、実際行われている。これに対して、契約社員は、職場および職務内容を限定して採用されており、人事異動等は行われない。

契約社員は正社員等への登用制度が用意され、平成22、23年度の合格者の合計は、応募者数3万9101人の約13%、26、27年度の合格者の合計は、応募者数1万5494人の約3割である（24、25年度は未実施）。

Xらは、各種手当（「判決のポイント」参照）の待遇について、正社員との相違があるのは労働契約法20条違反であること等を理由として、正社員就業規則が適用される労働契約上の地位確認および予備的に不法行為による損害賠償を求めた（他の請求は省略）。第一審判決（東京地判平29・9・14）は、上記予備的請求につき一部を認容したため（編注：年末年始勤務手当につき正社員の8割を損害、住居手当につき同6割を損害と認める）、XらおよびY社双方が控訴した。

 判決のポイント

有期…と無期契約労働者との個々の賃金項目に係る労働条件の相違が不合理と認められるものであるか否か…は、両者の賃金の総額の比較…のみによるのではなく、当該賃金項目の趣旨を個別に考慮すべき…である。

労働条件の相違を検討するにあたって、新一般職と（コース別制度が採用され、転換試験に合格する必要がある）地域基幹職を一体とみるのは相当ではない。新一般職を比較対象として契約社員の労働条件の相違が不合理と認められる場合は、労契法20条に違反する。

年末年始勤務手当について、契約社員が、年末年始の期間に必要な労働力を補充・確保するための臨時的な労働力であるとは認められない。契約社員に年末年始勤務手当の趣旨が妥当しないとはいえない。

住居手当は、…従業員の住宅に要する費用を補助する趣旨で支給され…新一般職は、転居を伴う配置転換等は予定されていない。…新一般職に対して住居手当を支給する一方で、契約社員に対してこれを支給しないという相違は、不合理である。

夏期冬期休暇について、…契約社員に付与しないのは不合理である。…しかし、現実に…休暇が付与されなかったことにより、賃金相当額の損害を被った事実、すなわち、Xらが無給の休暇を取得したが、夏期冬期休暇が付与されていれば同休暇により有給の休暇を取得し賃金が支給されたであろう事実の主張立証はない。同休暇が付与

されていなかったことにより、損害が発生したとは認められない。

病気休暇（編注：正社員は、私傷病につき有給、契約社員は無給）…の損害額は、年次有給休暇を使用した日に支払を受けることができる賃金相当額とみるのが相当である。

応用と見直し

本件は、近時、多発している、有期と無期契約労働者との労働条件の相違についての合理性の有無（労契法20条）が問題となった裁判例の一つである（同一労働同一賃金の問題）。

問題となった賃金項目、論点は多岐にわたるが、各論として本件の特性（および教訓）を述べれば、Y社は極めて大規模な企業でもあり、複数の種類の正社員がおり、正社員のうち、比較的契約社員と類似性のある（とくに転居を伴う異動がない点）類型の正社員と真正面から比較を行うこととなった場合、各賃金項目における契約社員との労働条件の相違の合理性を主張・立証するのが難しくなった、というところがある。

近年、個々の労働者に沿った働き方を模索する動きの中で、正社員も業務、就業地域等について、限定の有無、幅

を異にするいわゆる限定正社員の領域を設ける動きがあるが、有期契約労働者との違いを相対化、曖昧化することにつながることが少なくない。その点で、限定正社員創設に当たっては、無限定正社員との仕事・労働条件両面における異同のみならず、有期契約労働者との異同も考慮して、制度設計を行う必要がある。

　本件に限ったことではないが、正社員一般の賃金構成として、手当の名称や名目上の趣旨と支給の実態が整合していない場合（たとえば、「○○職務手当」となっていながら、実態は生活支援費で一定年齢になれば原則支給されるような場合）、有期契約労働者との労働条件の相違を説明しにくくなる場合が、実務上、少なからず散見されることには留意すべきである。

MEMO

定年後再雇用者の賃金減額（労働条件・賃金）

－北日本放送事件－（富山地判平 30・12・19）

弁護士　牛嶋　勉

［労経速 2374 号 18 頁］

定年後も番組制作、減った年収 550 万円請求

　定年後も番組制作を担当し、正社員との賃金の相違は不合理として、年収の差額約 550 万円の支払いを求めた。富山地裁は、職務の内容等が異なるほか雇用継続給付や企業年金の存在を考慮。両給付を足すと正社員時の基本給を上回った。賃金に関して労組との協議は十分行われており尊重すべきとした。約 27％の基本給差は不合理といえず、祝金は恩恵的給付で法の適用がないとした。

企業年金も考慮し、約 3 割の基本給差など容認

事案の概要

　原告は、被告会社を定年退職した後、有期労働契約を締結して再雇用社員として就労していた。本件は、原告が正社員との間に、労働契約法 20 条に違反する労働条件の相違があると主張して、主位的に、正社員に関する賃金規定が適用される労働契約上の地位にあることの確認を求めるとともに、労働契約に基づき、賃金の差額（554 万円余）等を請求し、予備的に、不法行為に基づき、賃金差額相当額の損害賠償金等の支払いを求めた事案である。

判決のポイント

　再雇用社員と正社員の職務の内容、当該職務の内容および配置の変更の範囲はいずれも異なり、原告が定年退職後の再雇用社員であるという原告の基本給を正社員のそれと比べて相当程度低くすることも不合理であるとはいえない事情が存在する上、原告の基本給の水準は被告と組合の十分な労使協議を経たものでありこれを尊重する必要があり、原告の再雇用社員時の月収は（高年齢雇用継続基本）給付金および企業年金を加えると正社員時の基本給を上回ることが認められる。これらの事情に照らせば、原告について正社員

－ 62 －

時の基本給と再雇用社員時の基本給との間に約27パーセントの差が生じていることを不合理と評価することはできず、この相違が労働契約法20条にいう「不合理と認められるもの」に当たるということはできない。

職務の内容等を考慮すれば、功労報償、生活費の補助および労働者の意欲向上等も趣旨とする賞与について、再雇用社員と正社員とで異なる扱いをすることも不合理であるとはいえない事情が存在するといえるし、被告と組合の十分な労使協議の結果を尊重する必要性があるといえる。…再雇用社員に対して賞与を支給しないことを不合理であると評価することはでき…ない。

正社員は転勤および関連会社への出向が予定されているのに対し、再雇用社員は今まで配置転換および転勤することとなった者がいないことを踏まえれば、正社員は、再雇用社員と比較して住宅に要する費用が多額になり得るといえる。…再雇用社員に対してこれ（住宅手当）を支給しないことを不合理であると評価することはでき（ない）。

原告が裁量手当の支給を受けていないのは、原告が裁量労働制の対象として被告から指定されていないことによるのであって、これが期間の定めがあ

ることに関連して生じたものであるとは認められない。

祝金は、専ら被告の裁量に基づき支給されるものであって、これが労働契約法20条にいう「労働契約の内容である労働条件」に当たるとはいえず、祝金の支給に関する有期契約労働者と無期契約労働者の相違について同条の適用は問題とならない。

 応用と見直し

❖定年後再雇用者の労働条件

労働契約法20条（2020年4月1日以降は、パートタイム・有期労働法8条）は期間の定めがあることによる不合理な労働条件を禁止している。定年後再雇用者の労働条件について、長澤運輸事件（最二小判平30・6・1）が一定の見解を示したが、その後も次々に関連する裁判例が出されている。

長澤運輸事件最判は、「定年制は、使用者が、その雇用する労働者の長期雇用や年功的処遇を前提としながら、人事の刷新等により組織運営の適正化を図るとともに、賃金コストを一定限度に抑制するための制度ということができるところ、定年制の下における無

期契約労働者の賃金体系は、当該労働者を定年退職するまで長期間雇用することを前提に定められたものであることが少なくないと解される。これに対し、使用者が定年退職者を有期労働契約により再雇用する場合、当該者を長期間雇用することは通常予定されていない。また、定年退職後に再雇用される有期契約労働者は、定年退職するまでの間、無期契約労働者として賃金の支給を受けてきた者であり、一定の要件を満たせば老齢厚生年金の支給を受けることも予定されている。…有期契約労働者が定年退職後に再雇用された者であることは、…労働契約法20条にいう『その他の事情』として考慮される」と述べたうえで、「正社員に対して能率給および職務給を支給する一方で、嘱託乗務員に対して能率給および職務給を支給せずに歩合給を支給するという労働条件の相違は、…労働契約法20条にいう不合理と認められるものに当たらない」と判断した。

他方、同判決は、「正社員に対して精勤手当を支給する一方で、嘱託乗務員に対してこれを支給しないという労働条件の相違は、不合理」と判断し、「時間外手当の計算の基礎に精勤手当が含まれなかったことによる損害の有無および額につき更に審理を尽くさせるた

め」原審に差し戻した。

五島育英会事件（東京地判平30・4・11）は、定年規程において定年後の嘱託教諭の基本給は定年退職時の6割と定めた事案について、「原告が嘱託教諭であった期間の賃金等の合計額…は原告が専任教諭であったとした場合に想定される賃金等の合計額…の約63％に相当することや、…退職前年度と退職年度の職務との内容の差異をも考慮すれば、本件労働条件の相違が直ちに不合理であるとはいえない」などと判断して原告の請求を棄却した。その控訴審（東京高判平30・10・11）も、一審判決を維持し、控訴を棄却した。

日本ビューホテル事件（東京地判平30・11・20）は、定年退職時の賃金額は月額約38万円、定年後の嘱託社員時は約26万円から徐々に約21万円まで低下し、65歳以降は臨時社員として時給1150円となった事案について、「原告の定年退職時と嘱託社員および臨時社員時の業務の内容および当該業務に伴う責任の程度…は大きく異なる上…、職務の内容および配置の変更の範囲…にも差異があるから、…嘱託社員および臨時社員時の基本給および時給が定年退職時の年俸よりも低額であること自体不合理ということ

はできない」などと述べて、「原告の定年退職時の年俸の月額と嘱託社員および臨時社員時の基本給および時間給の月額との相違が不合理であると認めることはでき（ない）」と判断した。

❖ 実務上の留意点

定年退職後の労働条件をどのように設定すれば良いかは、企業ごとに事情が異なり、一律には述べられない。しかし、それは裁判例の蓄積により徐々に明らかになりつつある。今後も裁判例の推移には留意する必要がある。

MEMO

契約社員と正社員の待遇格差（労働条件・賃金）

ーメトロコマース事件ー（東京高判平31・2・20）

弁護士　中町　誠　　　　　　　　　　　　　　　　［労判1198号5頁］

残業の割増率のみ格差不合理とした一審判断は

　駅売店の契約社員ら4人が、同業務の正社員との待遇格差は不当として、差額賃金等を求めた。残業の割増率の相違のみ不合理とした一審に対し東京高裁は、労働条件の比較対象を労働者側の選択に委ねたうえで、勤続約10年の2人に退職金の「功労報償的な部分」を支給しないのは不合理と判断。正社員の算式を用いてその25％の支払いを命じた。契約は原則更新、65歳定年だった点も考慮した。

10年勤続した有期に正社員基準の25％の退職金支払い

 事案の概要

　第一審原告らは、第一審被告の契約社員として有期労働契約を締結し、東京メトロ駅構内の売店で販売業務に従事してきた。原告らは、期間の定めのない労働契約を締結している被告の従業員が同一内容の業務に従事しているにもかかわらず賃金等の労働条件において原告らと差異があることが、労働契約法20条に違反しかつ公序良俗に反すると主張して、不法行為または債務不履行に基づき、差額賃金（本給・賞与、各種手当、退職金および褒賞の各差額）相当額、慰謝料等の支払いを求めた事案である。第一審（東京地判

平29・3・23）では、早出残業手当の相違のみ、労働契約法20条の違反があるとし、その余の請求は棄却された。

 判決のポイント

　1、労働契約法20条が比較対象とする無期契約労働者を具体的にどの範囲の者とするかについては、その労働条件の相違が、労働者の業務の内容および当該業務に伴う責任の程度（以下「職務の内容」という）、当該職務の内容および配置の変更の範囲その他の事情を考慮して、不合理と認められると主張する無期契約労働者において特定

して主張すべきものであり、裁判所は
その主張に沿って当該労働条件の相違
が不合理と認められるか否かを判断す
れば足りるものと解するのが相当であ
る。

　第一審原告らは、契約社員B（編注：
第一審被告における雇用形態の区分）
と比較対象すべき第一審被告の無期契
約労働者を、正社員全体ではなく、売
店業務に従事している正社員（互助会
から転籍した者および契約社員Aから
登用された者）に限定しているのであ
るから、当裁判所もこれに沿って両者
の労働条件の相違が不合理と認められ
るか否かを判断する…。

　2、一般に、退職金の法的性格につ
いては、賃金の後払い、功労報償など
様々な性格があると解されるところ、
このような性格を踏まえると、一般論
として、長期雇用を前提とした無期契
約労働者に対する福利厚生を手厚く
し、有為な人材の確保・定着を図るな
どの目的をもって無期契約労働者に対
しては退職金制度を設ける一方、…短
期雇用を前提とした有期契約労働者に
対しては退職金制度を設けないという
制度設計をすること自体が、人事施策
上一概に不合理であるということはで
きない。…契約社員Bは、1年ごとに
契約が更新される有期契約労働者であ

るから、賃金の後払いが予定されてい
るということはできないが、他方で、
有期労働契約は原則として更新され、
定年が65歳と定められており、実際
にも控訴人P2およびP3は定年まで
10年前後の長期間にわたって勤務し
ていたこと、契約社員Bと同じく売店
業務に従事している契約社員Aは、平
成28年4月に職種限定社員に名称変
更された際に無期契約労働者となると
ともに、退職金制度が設けられたこと
を考慮すれば、少なくとも長年の勤務
に対する功労報償の性格を有する部分
に係る退職金（退職金の上記のような
複合的な性格を考慮しても、正社員と
同一の基準に基づいて算定した額の少
なくとも4分の1はこれに相当すると
認められる）すら一切支給しないこと
については不合理といわざるを得な
い。

 応用と見直し

　本件は、昨今多発している労働契
約法20条の適用を巡る高裁段階での
新判断である。地裁とその結論を大い
に異にして、労働者の救済を拡大して
いる点でも注目すべき内容となってい
る。

　本判決の第一の特色は、比較対象

の無期契約労働者に関するものである（判決のポイント１）。有期契約者がどの無期契約者と比較対象すべきかは、法文上は明確でなく、裁判例の判断も区々に分かれており、本件第一審は、売店業務に従事する正社員のみならず、広く被告の正社員一般を比較の対象とすべきとした。一方本判決は、比較対象者を原告（労働者側）の選択に委ねるという、極めて割り切った見解を打ち出した。その結果（労働者側は当然訴訟上有利な対象者を切り取って選択主張したので）、20条違反による救済が拡大した。

すなわち具体的には、第一審では、早出残業手当のみ20条違反とされていたが、本判決では住宅手当、退職金、褒賞（永年勤続に対する褒賞金等）についての相違も20条違反とされた（一方、本給、資格手当、賞与については、その相違に20条違反はないとする）。

このように比較対象者を無期契約労働者の従業員区分のなかで、さらに細分化できるのか、それが可能な場合にどのような観点で細分化できるのか、また細分化について原告の選択に専ら委ねる（本件では売店業務に従事する者とする）だけでなく、何らかの制約はないのか（使用者側から、原告らの比較対象者の選択は恣意的なものであ

り、そのような選択は許されないとの反論はできないのか）等は20条の救済の趣旨に鑑みて、さらに検討を要する重要問題であり、この点の最高裁での検討判断が待たれるところである。

本判決の第二の特色は、前記のとおり、退職金について、20条違反を初めて認めた点である（違反を否定した裁判例として、ハマキョウレックス事件＝津地裁彦根支判平27・9・16）。有期雇用者は、労務の対価についてはその都度月例賃金等により清算され、退職金制度などはないことがいわば常識であったので、この結論に多くの企業人は驚いたことであろう。ある意味で画期的な判断であるが、その理由付けは一般論として退職金には功労報償的部分があるというにすぎず、説得力に欠けるといわざるを得ない。やはり、本件企業の退職金規程に即して、本件制度に果たして功労報償的部分があるか否か具体的な検討が最低限必要と思われるがそのような判示はない。したがって、なぜ４分の１が功労報償のボーダーラインなのかも、全く不明である。

やはり、この点も最高裁での十分な再検討が待たれるところである。

すでに、最高裁判決（ハマキョウレックス事件＝最二小判平30・6・1）

で、諸手当の合理性についてはその判断手法が示されたが、その射程にない本件のような退職金支給の有無、本給の相違（産業医科大学事件〈福岡高判平30・11・29〉は基本給について不合理という）、賞与支給の有無（大阪医科薬科大学事件〈大阪高判平31・2・15〉はアルバイト職員への賞与不支給を60％を下回る限度で不合理という）など、新たな重要案件が最高裁で係属中であり、その動向を注視したい。

MEMO

労働協約による賃金請求権の放棄

（労働条件・賃金）

－未払賃金等請求事件－（最一小判平 31・4・25）

弁護士　中町　誠　　　　　　　　　　　　　　　　　　　　　　　　［最高裁 WEB］

労使合意で未払賃金「放棄」、退職者へ効力は？

経営状況から賃金の支払いを２割猶予する労働協約を３年にわたり締結後、退職した組合員から差額を求められた。訴訟提起後に賃金債権を放棄する労使合意がなされていた。債権は消滅するとした原審に対し最高裁は、労組が本人を代理して合意したなどの事情はうかがわれず、債権放棄の効力は及ばないと判断。発生した賃金請求権を事後の協約で不利益に猶予・変更できないとした。

本人代理か不明で債権放棄の協約効力及ばない

事案の概要

本件は、被上告人に雇用されていた上告人が、被上告人に対し、労働協約により減額して支払うものとされていた賃金につき、当該減額分の賃金およびこれに対する遅延損害金の支払等を求める事案の上告審である（原審は請求を棄却）。

具体的には、被上告人は、経営状態が悪化していたことから、労働組合との間で協議のうえ、賃金の支払猶予等に関する労働協約を３回にわたって書面により締結したが（編注：それぞ

れ第１～３協約とし、猶予する賃金は未払賃金１～３）、その効力について所属組合員の上告人が争ったものである。

判決のポイント

１、本件事実関係等によれば、本件合意は被上告人と労働組合との間でされたものであるから、本件合意により上告人の賃金債権が放棄されたというためには、本件合意の効果が上告人に帰属することを基礎付ける事情を要するところ、本件においては、この点に

ついて何ら主張立証はなく、労働組合が上告人を代理して具体的に発生した賃金債権を放棄する旨の本件合意をしたなど、本件合意の効果が上告人に帰属することを基礎付ける事情はうかがわれない。

そうすると、本件合意によって上告人の本件各未払賃金に係る債権が放棄されたものということはできない。具体的に発生した賃金請求権を事後に締結された労働協約の遡及適用により処分または変更することは許されない（編注：香港上海銀行事件〈最三小判平元・9・7〉、朝日火災海上保険（高田）事件〈最三小判平8・3・26〉）ところ、上告人の本件未払賃金1に係る賃金請求権のうち第1協約の締結前および本件未払賃金2に係る賃金請求権のうち第2協約の締結前にそれぞれ具体的に発生していたものについては、上告人による特別の授権がない限り、労働協約により支払を猶予することはできない。そうすると、上告人による特別の授権がない限り、本件未払賃金1に係る賃金請求権のうち第1協約の締結日以前に具体的に発生したものについては、これにより支払が猶予されたということはできないし、本件未払賃金2に係る賃金請求権のうち第2協約の締結日以前に具体的に発生したもの

について、これにより支払が猶予されたということもできないというべきである。

2、（未発生の請求権について）弁済期を猶予した労働協約については、当該協約の対象とされた最後の支給分の月例賃金の弁済期であった同月末日の経過後、支払が猶予された賃金のその後の取扱いについて、協議をするのに通常必要な期間を超えて協議が行われなかったとき、またはその期間内に協議が開始されても合理的期間内に合意に至らなかったときには、弁済期が到来するものと解される。

もっとも、各協約は、被上告人の経営状態が悪化していたことから締結されたものであり、被上告人の経営を改善するために締結されたものというべきであるところ、当該部門が閉鎖された以上、その経営を改善するために同部門に勤務していた従業員の賃金の支払を猶予する理由は失われたのであるから、遅くとも同日には第3協約が締結されたことにより弁済期が到来していなかった上告人の賃金についても弁済期が到来したというべきである。

本件は、ややもすれば実務でも見落とされがちな労働協約の規範的効力の（時間的）限界について、最高裁が下級審の処理を正した事案である。判旨にもあるように、労働者の既発生の賃金等の請求権について、事後的に締結した労働協約において、労働者の特別の授権もなく、その内容を不利益に変更（本件では支払いの猶予）することはできないのである。たとえば、本判旨が引用する平成元年判決は、既に発生した具体的権利としての退職金請求権を事後に締結された労働協約の遡及適用により労働者に不利益変更した扱いについて、「事後に締結された労働協約の遡及適用により処分、変更することは許されない」と判示したものである。

では本件で問題となった月例賃金について、具体的に発生した賃金債権とは、いつの時点のものをいうのであろうか（なお本問題の精緻な分析については、山川隆一教授・ジュリスト1297号163頁参照）。少なくとも支払期日の時点（本件では、「20日締めの月末払い」であるから月末）では既発生であることは明らかであるが、さらにさかのぼり、支払期日前でも、各

労働日の労働終了時に、当該債権は順次具体的に発生したとの見解が有力である（ちなみに前掲平成8年最高裁判決は、そのような見解に立つと思われる判示がなされている）。

本判決では、残念ながら上記の点までは具体的には判示していない。

本件を離れ、既発生の権利か否かで、問題となるのは退職金請求権であるが、具体的に発生したといえるのは、特段の定めがなければ退職した時点ということになろう。

セクハラ、パワハラを受けた組合員について、労働組合が介在して、労働協約によって（たとえば使用者の職場環境配慮義務違反についての）慰謝料等の額を定めても、そのような被害を受けた時点で当該請求権は具体的に当該組合員に発生していることになるから、本人の特別の授権がなければ、労働協約は効力を有さないことになる。そのような交渉および労働協約締結については、使用者としては、本人の授権を証する委任状等を徴するか、本人自身を当事者の1人として参加させる必要がある。

なお、下級審裁判例（大阪地判昭55・12・19）は、「労働組合が内部的に多数決によって、当該組合員にかかる雇用契約を終了させ、またはその

ような結果を生ぜしめる労働協約を締結することを決定し、使用者との間でその旨の労働協約を締結したとしても、この組合員がこの協約を締結することに同意し、または労働組合に対し特別の授権を与えることがない限り、この協約の効力は、この組合員には及ばない」と判示するが、異論がないところであろう。本件の労働協約の時間的限界の問題は、労働協約にとどまらず、就業規則による労働条件の不利益変更（労働契約法10条）の効力についても、同様に妥当するので、使用者としては、留意を要する。

判決のポイント2は、未発生の請求権の弁済の猶予を連続してなした（それ自体は有効）労働協約の趣旨について、弁済期について合理的意思解釈を施したものである。事例判断ではあるが、参考になろう。

MEMO

就業規則の不利益変更を登録派遣に適用

（賃金・残業代）

－阪急トラベルサポート事件－（東京地判平 30・3・22）

弁護士　緒方　彰人　　　　　　　　　　　　　　［労経速 2356 号 3 頁］

派遣添乗員が固定残業代の導入は無効と訴える

　　登録型派遣添乗員が導入された定額残業代の無効などを求めた。事業場外みなし制は適用されず日当は 8 時間分の対価と主張した。裁判所は、労働契約を異にし就業規則変更の概念には当たらないが、相当期間同条件で契約は繰り返され労契法の趣旨から変更は無制約に許されないと判断。経営状況から 8 時間の対価とするのは困難ななか、導入前より日当は増えるなど合理的な労働条件とした。

日当増額などを評価し、合理的な労働条件と判断

 事案の概要

　　被告は、海外および国内添乗等の労働者派遣事業等を目的とする会社であり、H 社の 100％子会社である。

　　原告 A は、平成 11 年 6 月頃、原告 B は、平成 6 年 6 月、派遣添乗員として派遣元である被告にそれぞれ登録のうえ、派遣先である H 社等が主催する募集型の企画旅行に添乗員として派遣される添乗業務等に従事していた。

　　被告では、年 1 回の登録派遣添乗員の査定と年 2 回の添乗員ランクの改訂を行っており、登録派遣添乗員に対し、次回の査定またはランク改訂時までに派遣労働契約を締結する場合の見込み賃金額を示した賃金通知書を交付していた。

　　被告においては、平成 20 年に至るまで、登録派遣添乗員のみを対象とする就業規則がなかったため、同年 1 月に派遣添乗員就業規則（以下「平成 20 年就業規則」という）を制定した。同就業規則の制定前、登録派遣添乗員の基本給（日当）は、1 日 8 時間の所定労働時間に対する対価と解されたが、平成 20 年就業規則では、基本給（日当）には、4 時間分の時間外勤務手当

見合分を含むことが明記され、同年2月以降、被告は、原告ら登録派遣添乗員に交付する雇入通知書兼就業条件明示書（以下「就業条件明示書」という）にもその旨を記載した。

平成26年9月、被告は、平成20年就業規則を変更し、基本給を時給制とし（以下「平成26年就業規則」という）、以降、就業条件明示書にもその旨を記載した。

原告らは、平成20年就業規則および平成26年就業規則による労働条件の変更が無効であるとして、平成20年就業規則変更前の基本給に基づき算定した時間外割増賃金等の支払いを求め、訴訟を提起した。

 判決のポイント

①原告ら登録派遣添乗員との間で…相当期間にわたって同一の労働条件で労働契約の締結を繰り返してきたことに加え、…就業規則に定めがある事項についてこれと異なる内容で個別の労働契約が締結されることは想定されておらず、…登録派遣添乗員に適用される就業規則は、…一定期間継続して登録派遣添乗員との間の労働契約の内容を一律に規律する効力を果たしている実情にある…。労働契約法9条および

10条の趣旨に照らし、被告において、就業規則の変更が全く無制約で許されるものではなく、登録派遣添乗員の受ける不利益の程度、労働条件の変更の必要性、変更後の就業規則の内容の相当性、労働組合等との交渉の状況その他の就業規則の変更に係る事情を総合考慮し、必要性が乏しいにもかかわらず登録派遣添乗員に大きな不利益を与えるなど著しく不合理な場合には、無効となることもあり得る。

②平成20年就業規則は…合理的な労働条件を定めたものと考えられ…効力を生ずる。…被告が原告らに対して支給していた日当は、所定労働時間8時間分に加え、時間外労働時間4時間分を含んだ金額であることから、1時間当たりの基礎賃金は、日当を13（8＋4×1.25）で除した金額となる。

③平成26年就業規則の変更は…合理的な労働条件を定めたものと考えられ…効力を生ずる。

未払賃金（は）…時給額を基に算定する。

 応用と見直し

本件は、登録型派遣の派遣社員との間で、派遣労働契約の締結が繰り返されているなか、派遣労働条件を変更す

ることの可否が問題とされた事案である。本件判旨は、この変更の有効性を就業規則の不利益変更の場合に準ずるものとして判断を行っている。

　登録型派遣においては、派遣元と派遣労働者との間では、労働者派遣の都度、派遣期間だけ、労働契約が締結される。そのため、派遣労働契約期間中に派遣労働者の労働条件を就業規則により変更しようとする場合には、就業規則の不利益変更の問題となる。しかし、登録されていた派遣労働者を派遣するに当たり、従前、締結していた派遣労働契約における派遣労働条件と異なる内容の労働条件を提示して派遣労働契約を締結しようとする場合には、派遣労働契約の成否や締結された労働契約の内容が問題となる場面であり、労働条件の変更法理である就業規則の不利益変更が問題となる場面ではない。

　本件では、平成20年就業規則の制定または平成26年就業規則による変更の後に締結された派遣労働契約における基本給の内容が問題となったのであるから、就業規則の不利益変更が適用される場面ではなく、新規に締結された派遣労働契約の内容がどのようなものかということが問題となるケースといえる。しかして、本件では、被告

から、平成20年就業規則や平成26年就業規則に基づく基本給が記載された就業条件明示書が交付されたうえで、派遣就労がなされていたのであるから、この派遣就労における基本給は、就業条件明示書に記載された内容で派遣労働契約が締結されたと考えることが合理的であろう。本件判旨も、結論は同様であるが、労働契約締結の場面の問題を、労働契約締結後に労働条件を変更する場面で問題となる就業規則の不利益変更法理に準ずるものとして取扱い判断を行っている点で妥当でない。

　もっとも、本件では、被告は、年1回の登録派遣添乗員の査定と年2回の添乗員ランクの改訂を行っており、登録派遣添乗員に対し、次回の査定またはランク改訂時までに派遣労働契約を締結する場合の見込み賃金額を示した賃金通知書を交付していたということである。このことから、登録派遣添乗員において、次回、労働者派遣がなされる場合には、賃金通知書に記載された見込み賃金額で派遣労働契約が締結されるとの期待が生じていたとも考えられる。そのため、賃金通知書に記載された見込み賃金額と異なる内容の労働条件が提示されたために、賃金通知書の内容に沿った派遣労働契約の締結

がなされなかったというような場合には、期待利益が侵害されたことなどを理由に不法行為に基づく損害賠償が認められることはあり得よう（内々定の取消しが問題となった事案において、期待利益の侵害を理由に不法行為に基づく損害賠償請求を認められた裁判例として、コーセーアールイー事件＝福岡高判平23・3・10などがある）。

　しかし、このことと、被告と原告らとの間で締結された派遣労働契約の内容（基本給の内容）がどのようなものであったのかということとは、別の問題であることはいうまでもない。

　なお、本件の控訴審（東京高判平30・11・15）においても、平成20年就業規則や平成26年就業規則の契約的拘束力を認める判断は維持されているが、これらの規則の契約的拘束力の有無を就業規則の不利益変更の合理性判断に準じた手法で判断している。しかし契約締結後の契約変更の問題である就業規則の不利益変更の法理を、契約締結時の契約内容の判断に用いることには賛成しかねる。

MEMO

歩合給者の残業手当の計算（賃金・残業代）

－シンワ運輸東京（運行時間外手当）事件－（東京高判平30・5・9）

弁護士　岡芹　健夫

［労判 1192 号 52 頁］

時間で増えない運行時間外手当が残業代相当の仕組みは

貨物の配送ドライバー3人が、運賃収入から算定した運行時間外手当は時間外割増賃金に当たらないとして、別途支払いを求めた事案の控訴審。当該ドライバー3人による、手当額が時間に比例しないとの主張を、裁判所は賃金規程の割増賃金の算出、支払い方法を正しく解釈していないとして採用せず、就業規則等で時間外労働の対価の趣旨は明らかなこと、給与明細等で通常の賃金と判別できるなどとして請求を棄却した。

対価の趣旨は明らかで、労基法の割増計算額上回る

 事案の概要

　Y社は一般貨物自動車運送事業等を目的とする株式会社である。

　Xら（3人）は、平成21年にY社と期間を定めない労働契約を締結し、大型貨物自動車を運転して小麦粉を配送する業務に就いている労働者である。

　Y社の賃金体系は、基本給等の基準内賃金と、時間外勤務手当、休日出勤手当、深夜勤務手当、運行時間外手当等の基準外賃金からなる。そして、所定労働時間を超えて、または休日に労働した場合には、時間外勤務手当また

は休日勤務手当を、深夜（午後10時～翌日午前5時）に勤務した場合には深夜勤務手当を支払うが、それは、基準内賃金の合計額を基礎賃金として、2割5分～6割の割増率をもって支給する（支給率は、労基法法定のとおりである）とされていた。

　上記の時間外勤務手当、休日出勤手当、深夜勤務手当（以下総称して、「時間外手当」）は運行時間外手当として支給する。運行時間外手当は、乗務員が車両を運行することでY社が受託した先から得る運賃収入に70％を乗じた額に一定の率（運送物および車種によって異なる）を乗じて得られる額で

あるが、これが上記の計算による時間外手当の額よりも大きいときは運行時間外手当を時間外手当相当額として支給し、運行時間外手当の額が上記の計算による時間外手当の額よりも少ないときは、その差額を支給するものとされていた。

Xらは、Y社の支給する運行時間外手当は、その算定方法より労働時間との間に時間比例性がなく、実質的には歩合給である等を主張し、運行時間外手当の支給により労基法37条に規定する割増賃金を支給したことにはならないとし、Y社に対し、労基法37条による割増賃金および遅延損害金、付加金の支払いを求めて、提訴した。

一審（東京地判平29・11・29）は、Xらの請求を棄却した。そこで、Xらは、一審判決を不服として、Y社を控訴した。それが本件である。

控訴審である本判決も、基本的に一審判決を維持し、Y社の割増賃金の算定、支給方法によれば、運行時間外手当の額は労基法37条所定の計算方法による額を下回らず、同条に違反することはないとして、Xらの控訴を棄却した。

 判決のポイント

まず、維持された一審判決の概要は以下のとおりである。

労基法37条は、同条等に定められた方法により算定された額を下回らない額の割増賃金を支払うことを義務付けるにとどまり、…同条等に定められた算定方法と同一のものとし、これに基づいて割増賃金を支払うことを義務付けるものとは解されず（国際自動車事件＝最三小判平29・2・28）、運行時間外手当についてもその算定方法から直ちに労基法37条の割増賃金に当たらないということはできない。

労基法37条に定める割増賃金を支払ったといえるためには、…運行時間外手当が時間外労働等に対する対価の趣旨で支払われるものであるか否かを検討する必要がある。

Y社が設立された当時…から賃金規程（の規定）が一貫し…、実際にも、運行時間外手当の額と…時間外手当の額と差額が生ずる場合には…差額を支給されていたものである。これに加え、Y社は、多数組合…、Xらが加入する労働組合…との間でも、賃金規程を含む本件就業規則の内容…とする労働協約を締結していたことを踏まえれば、運行時間外手当が時間外労働等に対す

る対価の趣旨で支払われる旨の共通認識が形成され、…運用がなされていた。

運行時間外手当の支給は、①通常の労働時間の賃金に当たる部分と割増賃金に当たる部分とを判別することができ、②割増賃金…額が、通常の労働賃金に相当する部分の金額を基礎として、労基法37条等に定められた方法により算定した割増賃金の額を下回らないもの（高知県観光事件＝最一小判平6・6・13）であるから、Y社は、労基法37条所定の割増賃金を支払ったものということができる。

控訴審において、Xらは、時間外労働の時間が増えるほど、時間外労働を抑制すべき要請が高まるから、同条の割増賃金に該当するかどうかは、当該手当が時間外の労働時間に比例するものであるかどうかが重視されるべき…と主張する。しかし、労基法37条が定める方法によって算出される割増賃金と実際に支給される割増賃金を比較し、後者が前者を下回らない限り、同条違反の問題が生ずることはない。Xらの主張は、賃金規程による割増賃金の算出および支払方法を正解しないものであり、採用することができない。なお、給与明細書等によりその内訳を確認できたものであり、この点でも問題はない。

 応用と見直し

労基法37条の割増賃金（いわゆる残業代）の支払いの紛争についてよくみられるのが、会社（就業規則、賃金規程）所定の固定残業代が、労基法37条の割増賃金の支払いとして認められるか、という紛争である。それに比して、本件は若干異なり、労働時間とは無関係に算出された運行時間外手当が労基法37条の割増賃金の支払いとして認められるか、という紛争である。

これは、最近では、国際自動車事件判決における、同じく労働時間とは無関係に算出される歩合給の支払いにより割増賃金を控除することが認められるか、という紛争と類似している。本件における運行時間外手当（あるいは国際自動車事件における歩合給）は、賃金の一項目であって、その算出方法を如何様に決定するかは使用者側の裁量であり（もちろん、最終的には、規則なり契約書なりといった根拠により労働契約の内容となることが必要である）、労基法37条が求める割増賃金の金額が時間外労働の対価として支払われていれば法的には問題がないという、優れて理論的な判断である。ただし、理論的であるがゆえに、規定の整

備・整理を的確にしておく必要があり、(a) 本件での運行時間外手当の規定のように、当該手当が時間外手当相当であること、(b) 時間外手当の算定基礎となる賃金（基礎賃金）と明瞭に区分されていること（殊に、給与明細上の区分が有用である）、(c) 基礎賃金により算定された時間外手当額が当該手当額を超えた場合には、的確に超過額を支払っておくこと、といった施策を行っておくことが肝要である。殊に、上記 (c) を怠っていると、上記 (a) を行っていても、使用者の実際の運用では当該手当を時間外手当として扱っていない（その実質は時間外手当見込みではない）と判断されることがあるので、注意が必要である。

MEMO

労働時間の算定方法（賃金・残業代）

－ジー・イー・エス事件－（大阪地判平 31・2・28）

弁護士　中町　誠　　　　　　　　　　　　　　　　　　［労判ジャ 87 号 104 頁］

管理監督者でなく割増請求、労働時間どう算定

製造部長だった元従業員が、管理監督者には当たらないと割増賃金を求めた訴訟で、大阪地裁は、労務管理の権限を有さず経営への参画要件を欠くとして、請求を一部認めた。終業時刻の認定において、帰宅時の妻へのメールの送信時刻は十分信用できるとしている。他に客観的証拠もなかった。妻の手帳の時刻は正確性が担保されず、会社の確認もないなど信用性を否定した。

客観的な証拠なく、妻への帰宅メールで終業時刻認定

 ### 事案の概要

本件は、被告の元従業員である原告が、被告に対し、労働契約に基づき、在職中の労働基準法 37 条 1 項所定の未払割増賃金および退職金等の支払等を求める事案である。

争点は懲戒解雇の有効性および退職金請求権の存否、原告が労基法 41 条 2 号にいう管理監督者に該当するか、該当しない場合の労働時間の算定はどのようにするか、作業ミスによって提出した賃金放棄の念書の効力など多岐にわたる。

 ### 判決のポイント

1　労働時間の認定について

仕事を終えて帰宅のため自動車に乗るまでのごく短時間の間に、送信していたメールは…、配偶者に帰宅時間を知らせる趣旨のものであるといえる。そして、メールの内容自体、これを受信する配偶者のみにその意味を理解させる目的で送信されたもので、ことさら虚偽の終業時刻を記録する意図で送信されたものとみることはできないこと、メールの送信時刻は人為的な操作を加えることができないものであることに照らすと、他に客観的証拠の見当

たらない本件においては、配偶者に対するメール送信時刻は、終業時刻認定の根拠として十分に信用できるというべきである。

他方、原告の配偶者の手帳に記録した時刻については、手帳の記録自体は、…多くの期間について手書きでなされたものであること、原告の配偶者は、原告の労働時間を記録し始めたきっかけは特になく、何らかのきっかけで労働時間を記録しておくことが大事だと知ったために記録を始めた旨述べていることに照らすと、記載内容上の正確性が担保されておらず、被告による内容の確認がなされているわけでもないから、実労働時間の認定に用いるに足る内容上の信用性があるということはできない。

2 原告が管理監督者か

管理監督者とは、労働条件の決定その他労務管理について経営者と一体の立場にある者をいうと解すべきであり、これに該当するか否かについては、⑴労務管理に関する指揮監督権限を有し、事業主の経営に関する決定に参画していること、⑵労働時間について裁量権を有していること、⑶管理監督者としての地位と権限に相応しい賃金上の待遇を受けていることの各要素

を総合して判断する必要があると解される。本件では、原告は執行役員製造部部長なる役職にあり、同年2月21日から被告の取締役会に出席するようになったものの、原告が、その裁量により、製造部の従業員について、労働時間その他の労務管理に関する権限や従業員の採否を決定することができる権限を有していたとの事実を認めることはできない。したがって、原告は、労務管理に関する指揮監督権限を有していたとはいえないことが明らかであり、かかる権限等を通じて事業主の経営に関する決定に参画していたということもできないから、原告は管理監督者に該当しない。

3 賃金の放棄の効力

原告を責任者とする作業上のミスにより、取引先から損害賠償請求訴訟を提起されたため、原告は、「私は、自らの職務怠慢で、会社の指示・命令・約束に背き、…会社やお客様に対して重大な問題を招いたことを深く反省し、お詫び申し上げます。…2015年6月分の給与を頂くことはできませんので、自らの意思で会社に全額返金をさせて頂きます」などと印字された念書を社長宛提出した事実がある。しかしながら、給与を返納する前提として、

原告が被告に対し上記事件について損害賠償責任等を負うのか、どれほどの金額を負担すればよいのかについて当事者間で話し合いが行われていた形跡はうかがわれず、原告の作成した念書にも、給与を自主返納するに至った具体的な事情は書かれていない。それにもかかわらず、上記事件から2年以上経過した後になって、その責任をとって給与の自主返納を行うのは、不自然ないし唐突の感が否めず、むしろ、上記事件を契機として給与の自主返納を迫ろうとする、被告側からの働きかけの存在がうかがわれる。かかる事情を踏まえると、平成27年6月分についての賃金放棄が、自由な意思に基づくものと認められる客観的合理的理由があると評価するに足りる事実があるとはいえない。

4 退職金の存否

　原告は、平成29年2月1日の時点で、社長に対し、退職の意思を表示し、同人もこれを了承したということができるから、同日の時点で合意退職が成立する結果、原告は…労働者たる地位を喪失することとなり、その後になされた懲戒解雇はその法的効力は生じないものということができる。さらに本件において懲戒解雇事由は存しない。

 応用と見直し

　本件は、会社と軋轢のあった中堅社員の退職に伴う紛争例であり、現在の裁判所のオーソドックスな判断手法を示すものとして、実務上参考になろう。

　まず、当該社員について被告会社は懲戒解雇を主張したが、判決は、解雇事由も根拠がなく、そもそもそれ以前に合意退職が認定できるとして、被告の主張を一蹴している（したがって、退職金請求認容）。

　次に、念書に伴う賃金放棄の効力（判決のポイント3）が争われたが、本判決は、賃金放棄ないし返納が使用者の賃金支払義務を消滅させる法律上の効果を生じるためには、労働者による賃金放棄ないし返納の意思表示とみられる行為の存在に加え、当該行為が労働者の自由な意思に基づくと認められる合理的な理由が客観的に存在する必要があるとして、合理的な理由の不存在を理由に本念書の効力を否定している。これは、最高裁判決（最二小判昭48・1・19、同平2・11・26）により確立した判断手法である。

　最後の論点は、残業代の未払請求権の存否である。被告はまず、原告の管理監督者性を主張したが、本判決はいわゆる3要件のうち、経営への参画要

件を欠く等との理由でその主張を退けている。

さらに具体的な労働時間の算定については、原告の配偶者に帰宅を知らせるメールの時間を判示のとおり客観性に富むとの理由で採用する一方、配偶者のメモの信用性を否定している。

裁判における労働時間の認定は、通常タイムカード、ICカード等の客観的な証拠がある場合はそれらに依拠し、本人記載の日報や原告側のメモなどは機械的正確性を欠くため、その信用性が吟味される。本件では、配偶者に帰宅を知らせるメールという目新しい事例であるが、その証拠価値を肯定し、それに基づき終業時間を認定したものである。

MEMO

手当からの残業代控除の有効性（賃金・残業代）

－Ｘ事件－（大阪地判平 31・3・20）

弁護士　緒方　彰人　　　　　　　　　　　　　　［労経速 2382 号 3 頁］

ドライバーの能率手当から残業代控除は違法か

ドライバーの能率手当から残業代が控除され、割増賃金の支払いを求めた事案。手当は、荷の重量や走行距離などの出来高がベースだった。大阪地裁は、手当は割増賃金を上回る場合の超過差額であり、割増賃金とは別個独立の賃金項目で支給していたと判示。集配順序や経路は労働者に裁量があり時間短縮できるなど、時間に応じ歩合給に差を設けても不合理とはいえない。

手当は割増賃金の超過差額、歩合給の算式不合理でない

事案の概要

被告は、貨物自動車運送業等を目的とする会社、原告は、被告において、集荷・配達業務に従事する労働者である。

被告の賃金制度は、①基準内賃金である職務給・勤続年数手当・能率手当等と、②基準外賃金である通勤手当、時間外手当等からなる。②のうち時間外手当は、能率手当を除く基準内賃金をもとに算定される時間外手当Ａと、能率手当をもとに算定される時間外手当からなる。また①の能率手当は、賃金対象額（取扱い重量、伝票枚数、軒数および走行距離等に基づいて算出さ

れる）と称する出来高が時間外手当Ａの額を上回る場合に支給することを前提とする一定の計算式に基づいてその額が算出される（以下「本件計算方法」という）。

原告は、賃金対象額から時間外手当Ａを控除する本件計算方法は、労基法 37 条を潜脱するもので無効などと主張して、未払割増賃金の支払いを求めた。

判決のポイント

①時間外手当Ａと能率手当は、それぞれ独立の賃金項目として支給されており、能率手当も含めた基準内賃金に

対し、所定の計算式によって時間外労働等に対する時間外手当が算出されて支給されていることが認められるところ、能率手当の具体的な算出方法として、「能率手当＝賃金対象額－時間外手当Ａ」という過程を経ているとしても…被告は、現実に時間外手当Ａを支払っていると解するのが相当である。

②労基法37条は、…通常の労働時間の賃金をどのように定めるか特に規定していないことに照らせば…賃金体系の設計は…基本的に労使の自治に委ねられている。…能率手当は、…出来高払制賃金であると解されるところ、出来高払制賃金の定め方を指定し、あるいは規制した法令等は特に見当たらず、出来高払制賃金について、いわゆる成果主義の観点から労働効率性を評価に取り入れて、労働の成果が同じである場合に労働時間の長短によって金額に差が生ずるようにその算定過程で調整を図ること自体は特段不合理なものであるとはいえない。したがって、能率手当の算定に当たって、賃金対象額と時間外手当Ａとを比較した超過差額を基準とする本件計算方法は、労働時間に応じた労働効率性を能率手当の金額に反映させるための仕組みとして、合理性を是認することができる。

③ (a) 集配業務に係る具体的な順序・経路および積荷の方法等…は個々の集配職の裁量に委ねられていたこと、(b) 集配職は、入社当初の研修期間は先輩社員に同乗し、その後、担当エリアにおける集配業務に習熟することで、一定程度は業務時間を短縮することができること、(c) 集配職は、被告から指示された業務のほか、被告に対し追加業務を申し出たり…することにより、賃金対象額を加算することができる…ことが認められる。…能率手当を支給している趣旨目的としては、事業場外で行われる集配業務に関し、…非効率的な時間外労働を抑制し、効率的な業務を奨励するという点にあると解され、このような能率手当支給の趣旨目的からすると、本件計算方法については合理性がある。

 応用と見直し

本件は、能率手当と称する出来高払制賃金の額の算定に当たり、時間外手当Ａを控除することの当否が問題となった事案である。本件と同種事案として国際自動車事件（最三小判平29・2・28)がある。国際自動車事件は、タクシー乗務員の歩合給の算定方法が問題となったのに対し、本件は、集配業務に従事する労働者の能率手当の計

算方法が問題となった。

　所定内賃金である基本給については、その額の決定要因からみると、出来高払制のように、仕事量（成果）を単位として決定される奨励給と、時間給・月給のように、時間を単位として決定される定額給とに区分される。この基本給（賃金）の定め方については、最低賃金法の規制は存するものの、基本的には、労使自治に委ねられている。

　これに対し、労働時間については、労基法において、法定労働時間や法定労働時間を超過する時間外労働をさせる場合の手続きや割増賃金の支払いなど詳細な規制が施されている（法32条以下）。

　本件は、基本的には労使自治に委ねられている賃金制度と、詳細な規制が施されている労働時間制度との関係をどのように考えるかということが問題となった事案ともいえる。本判決も述べるように、能率手当の額の計算方法は、あくまでも賃金制度の設計の問題であるから、基本的には、労使自治に委ねられる問題である。賃金の定め方として、単に仕事量の多寡だけではなく、労働時間に応じた労働効率性（労働生産性）を考慮して額を定めることは、合理的なことであるし、そもそも時間単位で額を決定する定額給とは別

に、能率手当のような出来高給（奨励給）を支給するか否かも、労使自治に委ねられているから、能率手当の額の算定の際に時間外手当Aを控除することとしても、そのこと自体が直ちに法令や公序良俗に反するというものではないであろう。

　そして、こうして定まった所定内賃金をもとに、定額給である職務給などをもとに算定した割増賃金である時間外手当Aと、出来高給である能率手当をもとに算定した割増賃金である時間外手当を支払っている限り、労働時間制度との関係においても問題となることはない。こうしたことから、本判決も、能率手当の額の算定方法である本件計算方法の合理性を是認し、原告の請求を棄却したものと思われる。

　もっとも、本件では、集配業務の具体的な遂行方法については、労働者の裁量に委ねられ、労働者の創意工夫により、業務時間の短縮を図ることができる事案であった。そのため、本件計算方法は「従業員に対する労働効率化への動機付けを行うことで、漫然と業務遂行することによる非効率的な時間外労働を抑制し、効率的な業務を奨励する点」に趣旨目的があると解され、合理性があると判断された事案であった。また国際自動車事件も、単独で業

務車両を運行して営業活動を自由に行うというタクシー乗務員の歩合給の算定方法が問題となった事案であり、業務遂行の点で自主性が認められた事案であった。そこで、たとえば、出来高がノルマ化されており、同ノルマを達成するためには、必然的に時間外労働を余儀なくされるというような場合には、本件と同様に考えて良いかは検討の余地があると思われる。

なお、本件に関連して、上掲・国際自動車事件の差戻後上告審判決（最一小判令2・3・30）が示された。差戻後上告審判決は、基本給部分の割増賃金に対応する「割増金」が、歩合給の額からそのまま減額される仕組みにおける「割増金」は、時間外労働等に対する割増賃金と歩合給として支払うべき部分とが含まれているが、通常の労働時間の賃金分と割増賃金分とが判別できないとして、「割増金」の支払いをもって労基法37条に基づく割増賃金の支払いがなされたとは認められないとした。歩合給の算定にあたり労働効率性を考慮する方法として、「割増金」をそのまま控除する仕組みが問題となったものであり、労働効率性を踏まえて通常の労働時間の賃金の設計を行うこと自体が違法とされたものでないことに留意する必要がある。

MEMO

年収高額者の管理監督者性（賃金・残業代）

－日産自動車事件－（横浜地判平 31・3・26）

弁護士　渡部　邦昭　　　　　　　　　　　　［労判 1208 号 46 頁］

1200 万円の課長職、管理監督者ではない !?

年収 1200 万円の課長の管理監督者性を争った事案で、横浜地裁は、約 360 万円の割増賃金の支払いを命じた。管理監督者にふさわしい待遇がなされ、遅刻、早退の賃金控除はなく時間管理に裁量はあるが、経営者と一体的といえるだけの重要な職責と権限はないと判断。会議の発言権がなく部長の補佐にすぎないなど、経営意思の形成に対する影響力は間接的としている。

待遇や労働時間は管理監督者にふさわしいが、重要な職責と権限なし

 事案の概要

甲は、平成 16 年 10 月 1 日までに会社と期間の定めのない労働契約を締結し、役割等級 N2 職（課長職）の管理職として、25 年 4 月よりダットサン・コーポレートプラン部でマネージャー、28 年 2 月より日本 LCV マーケティング部でマーケティングマネージャーに従事した。会社の従業員は同年 3 月末時点で 2 万 2471 人、N2 職は 1700 人前後であった。

ダットサン・コーポレートプラン部は、経営陣に対し確約した利益（コントラクト）の実現に要する企画立案と実行を担い、実行に必要な全ての権限（各ファンクションの長への指揮命令権限等）を有する部署である。甲が所属していた当時の構成は、N1 職（部長職）のプログラムダイレクター（PD）、N1 職の次席プログラムダイレクター、N2 職の主任・マネージャー 2 人（甲を含む）、PE1 職（課長代理職）のスタッフ 2 人の合計 6 人であった。PE1 職の A は甲の業務の補助を行っていた。

マネージャーは、PD が担当車種の投資額と収益率を CEO を含む経営陣に確約する商品決定会議（PDM 会議）に出席するほか、各部門の長から、製

品原価と販売価格の基礎となる数字について約束を取り付ける（ファンクションリプライ）権限を有している。また、マネージャーは、コントラクトの進捗確認と過未達を担当執行役員らに報告する会議（PCMPP会議）で、議事運営や報告、ファンクションリプライに未達の責任者に対して釈明を求める職務などを担当していた。

日本LCVマーケティング部は、車種別ブランディング・マーケティング戦略の企画立案や予算管理等を主要な業務とする。マーケティングマネージャーは、会社の日本におけるマーケティングプランを決定するマーケティング本部会議で、専務執行役員らに新しい同プランを企画し、提案するとともに、進行中の同プランについては、進捗を報告し、必要に応じ改善策を提案するなど行っていた。

甲がダットサン・コーポレートプラン部で勤務していた平成27年1〜12月までの年収は、通勤費を除き、約1234万円であった。当時の甲の部下Aの年収は、甲より約244万円低い。

甲は平成28年3月22日に死亡した。甲の配偶者で相続人である妻は、会社に対して、甲は労働基準法41条2号の管理監督者に該当しないと主張して、未払いの時間外勤務手当として

524万7958円等の支払いを求めて提訴した。

本判決はおよそ以下のように判示して、甲は、労基法上の管理監督者に該当しないとした。

 判決のポイント

「労基法上の管理監督者に該当するかどうかは、①当該労働者が実質的に経営者と一体的な立場にあるといえるだけの重要な職務と責任、権限を付与されているか、②自己の裁量で労働時間を管理することが許容されているか、③給与等に照らし管理監督者としての地位や職責にふさわしい待遇がなされているかという観点から判断すべきである」

本判決は、かかる判断基準を踏まえて、甲の職責と権限を以下のように判示している。

「マネージャー（甲）は、…PDM会議に出席するとともに、投資額および収益率の提案を企画立案する立場にあったと認められる。しかしながら、同会議で実際に提案するのは、PDであって、マネージャーが企画立案した提案も、PDが了承する必要があること、同会議で、マネージャーが発言することは、基本的に予定されていない

ことからすれば、同会議における経営意思の形成に直接的な影響力を行使しているのは、PDであって、マネージャーは、PDの補佐にすぎないから、経営意思の形成に対する影響力は間接的である。

PCMPP会議でのマネージャーの職務は、経営者側で決定した経営方針の実施状況について、…現状の報告をし、その…支障となる事象の原因究明の報告をしているにすぎず、…経営者側と一体的な立場にあるとまで評価できない」

「マーケティングマネージャーは、マーケティングプランを企画し、…本部会議でそれを提案する立場にあったと認められ、地域・部門が限定的であるとはいえ、会社の経営方針を決定する重要な会議に参画する機会を与えられていたと評価できる。しかしながら、マーケティングマネージャーは、同会議で提案する前に、…あらかじめマーケティングダイレクターの承認を受ける必要があること、…マーケティングマネージャーは、…ダイレクターとは異なり、担当車種が議題に上るときだけ同会議に出席することからすれば、マーケティングマネージャーは、…ダイレクターの補佐にすぎず、経営意思の形成に対する影響力は間接的なもの

にとどまると評価すべきである。…実質的に経営者側と一体的な立場にあるといえるだけの重要な職責および権限を付与されていたとは認められない」

「甲は、自己の労働時間について裁量があり、管理監督者にふさわしい待遇がなされているものの、実質的に経営者と一体的な立場にあるといえるだけの重要な職務と責任、権限を付与されているとは認められないところ、これらの諸事情を総合考慮すると、甲が、管理監督者に該当するとは認められない」

応用と見直し

本判決の示した①乃至③の3つの判断基準は、それぞれ独立した要件ではなく、総合的に判断すべき要素と考えられている。かかる観点から考えた場合、②および③の要素の該当性を肯定しながら、①の要素（実質的に経営者と一体的な立場にあるといえるだけの重要な職責と権限を付与されている）の該当性があるとは認められないとして、労基法上の管理監督者性を否定した本判決の判断は厳格にすぎるのではないかと思料される。確かに、本判決の判示するように、マネージャーはプログラムダイレクターの補佐で、経営

意思の形成に対する影響力は間接的とはいえるが、マーケティングダイレクターとマーケティングマネージャーは実質上一体的な立場にあって、マネージャーはいつでもダイレクターに取って代われる立場にあると認められるので②および③の要素が認められている

以上、総合判断のうえからは労基法上の管理監督者と認めても良いのではないかと思われる。

いずれにしても本件は事実の法的評価にかかわる問題で、今後のさらなる検討が期待される、実務に与える影響の大きな重要な問題である。

MEMO

限度基準時間を超える固定残業代

（賃金・残業代）

－結婚式運営会場Ａ事件－（東京高判平31・3・28）

弁護士　牛嶋　勉　　　　　　　　　　　　　　　　　［労判1204号31頁］

割増87時間分を定額払、公序良俗違反の一審は

約87時間分の固定残業代を、公序良俗に反し無効とした事案の控訴審。基本給15万円に対し、残業代である職能手当は約9万円だった。東京高裁は、36協定の限度基準告示を上回るが、残業を実際に義務付けるものではないと判示。告示は労働契約を補充する効力を有さず、手当に通常の労働時間の対価は含まないとしている。通常の労働時間と判別でき、差額精算の合意も不要とした。

労働義務生じないとし、45時間超の固定残業代認める

 ### 事案の概要

一審被告は、結婚式場の経営等を目的とする会社であり、一審原告は、平成24年8月、被告と期間の定めのない雇用契約を締結し、営業およびウエディングプランナーの業務に従事し、平成27年5月に退職した。一審原告は、未払い賃金、付加金等の支払いを請求し、原判決（水戸地裁土浦支判平29・4・13）は、法内残業代87万円余、時間外割増賃金224万円余、付加金155万円余等の請求を認容したところ、両当事者が控訴した。

 ### 判決のポイント

給与規程19条は、表題を【定額残業制導入の趣旨】とした上、職能給を「時間外割増、休日割増もしくは深夜割増の前払いとして支給する手当」、同規程16条は、職能給を「社員個人の職務遂行能力を考慮し加算される時間外割増、休日割増もしくは深夜割増として支給する手当」と定義しており、同規程に定める職能給は職能手当を指す…。本件雇用契約書においても、職能手当は、「時間外割増、深夜割増、休日出勤割増としてあらかじめ支給す

る手当」であるとし、「法定割増の計算によって支給額を超え差額が発生する場合は、法令の定めるところにより差額を別途支給します」としている…（編注：給与規程の規定と雇用契約書の合意を併せて「本件特約」）。…規程19条は…「法定外」に限定する文言はなく…、本件雇用契約書も同様であるから、職能手当には、法内時間外労働手当も含むと解される。

定額残業代の合意が有効となるためには、通常の労働時間の合意に当たる部分と時間外・休日・深夜の割増賃金に当たる部分とを判別することができるものであることを要するところ、上記…給与規程は、その用件を満たすものである。…本件特約は、定額残業代の定めとして有効であって、基礎賃金には、職能手当は含まないと解するのが相当である。

…割増賃金に適用される基礎賃金の1時間当たりの金額（残業単価）を具体的に算定することも可能であるから、明確性の要件に欠けることはない。…本件雇用契約書および本件特約によれば、職能手当相当額と労働基準法所定の割増賃金との差額精算の合意は存在している…上、支給が合意された定額残業代の額を超える時間外労働等が行われた場合に、その超過分について

割増賃金が別途支払われることは労働基準法上当然に求められるから、差額の精算合意を定額残業代の定めの有効要件とする必要はない。

職能手当は、約87時間分…の時間外労働等の対価相当額となる。…月約87時間は、平成10年12月28日労働省告示第154号所定の月45時間を超えるものであるが、雇用契約に対して強行的補充的効力を有するものではない上、本件特約は、時間外労働等があった場合に発生する時間外割増賃金等として支払う額を合意したものであって、約87時間分の法定時間外労働を義務づけるものではない。…職能手当が約87時間分の時間外労働等に相当することをもって、…給与規程および本件雇用契約書において明確に定額残業代と定められた職能手当につき、時間外労働等の対価ではなく、あるいはそれに加えて、通常の労働時間内の労務に対する対価の性質を有すると解釈する余地があるというには足りない。

法定時間外割増賃金額…の未払額は3万7126円にとどまるから、一審被告の労働基準法違反の程度は大きいものとはいえないし、同額が支払われなかったことによる一審原告の不利益も同様に大きいものとはいえない。…諸

般の事情を考慮すると、…付加金の支払を命ずるのは相当とはいえない。

 応用と見直し

❖ 定額残業代の要件

次の複数の最高裁判例によって定額残業代と認められる要件は確立している。

高知県観光事件（最二小判平6・6・13）は、「歩合給の額が、…時間外および深夜の労働を行った場合においても増額されるものではなく、通常の労働時間の賃金に当たる部分と時間外および深夜の割増賃金に当たる部分とを判別することもできないものであったことからして、この歩合給の支給によって、…法37条の規定する時間外および深夜の割増賃金が支払われたとすることは困難」と判示した。

テックジャパン事件（最一小判平24・3・8）は、「月額41万円の基本給について、通常の労働時間の賃金に当たる部分と…時間外の割増賃金に当たる部分とを判別することはできない…。月額41万円の基本給の支払…によって、月間180時間以内の労働時間中の時間外労働について…割増賃金が支払われたとすることはできない」

と判示した。

国際自動車事件（最三小判平29・2・28）は、「時間外労働等の対価として法37条の定める割増賃金を支払ったとすることができるか否かを判断するには、労働契約における賃金の定めにつき、それが通常の労働時間の賃金に当たる部分と同条の定める割増賃金に当たる部分とに判別することができるか否かを検討した上で、…判別をすることができる場合に、割増賃金として支払われた金額が、通常の労働時間の賃金に相当する部分の金額を基礎として、法37条等…により算定した割増賃金の額を下回らないか否かを検討すべきであり…下回るときは、使用者がその差額を労働者に支払う義務を負う」と判示した。

医療法人社団康心会事件（最二小判平29・7・7）は、国際自動車事件最判と同旨の判示をした。

日本ケミカル事件（最一小判平30・7・19）は、康心会事件最判を引用したうえ、「雇用契約においてある手当が時間外労働等に対する対価として支払われるものとされているか否かは、雇用契約に係る契約書等の記載内容のほか、具体的事案に応じ、使用者の労働者に対する当該手当や割増賃金に関する説明の内容、労働者の実際の

労働時間等の勤務状況などの事情を考慮して判断すべきである」と判示した。

これらの最高裁判例によれば、労働契約の賃金の定めにつき、通常の労働時間の賃金に当たる部分と割増賃金に当たる部分を判別できる場合は、後者は定額残業代に該当する。

その後の国際自動車（差戻審）事件（最一小判令2・3・30）も同趣旨である。

❖実務上の留意点

本判決の注目点は、給与規程等において明確に定額残業代と定められた手当は、約87時間分の時間外労働等に相当する多額の金額であっても定額残業代として有効であるとした点である。本判決は上告なしに確定したが、今後も同種の裁判例に注意する必要がある。

MEMO

身体障害者の適応障害による自殺（労災）

－国・厚木労基署長（ソニー）事件－（東京高判平 30・2・22）

弁護士　牛嶋　勉　　　　　　　　　　　　　　　　［労判 1193 号 40 頁］

身体障害者の適応障害と自殺に業務起因性は？

　身体障害者の適応障害発症とその後の自殺に業務起因性が認められず、労災不支給処分の取消しを求めた。東京高裁も、障害者本人を基準に心理的負荷の強弱を評価するのではなく、業務に内在する危険性から判断。長時間労働などは発症の半年以上前で、一審が認めた発症後の退職強要を否定したうえで、疾病が悪化した場合に必要な極めて強い負荷はないとして請求を斥けた。

極めて強い心理的負荷なく、業務外の疾病が悪化したもの

 事案の概要

　本件会社に勤務していた亡Ａ（脳原性上肢障害、身体障害者等級６級）が、上司によるパワハラ、退職強要、配置転換、長時間労働、けいれん発作等の業務上の原因によって大うつ病性障害を発病し、自殺したと主張して、亡Ａの両親である控訴人らが労働基準監督署長に対して労災法に基づき遺族補償給付および葬祭料の支給を申請した。労基署長がこれらを支給しない旨の処分をしたので、控訴人らが、被控訴人国に対し、処分の取消しを求めた事案である。

　原審（東京地判平 28・12・21）は、

亡Ａは平成 22 年６月８日頃適応障害を発症し、その増悪の結果として同年８月頃に軽症うつ病エピソードを発症したものと認定したが、これらの亡Ａの精神障害の発症について業務起因性を認めず、請求をいずれも棄却したので、控訴人らが控訴した。

 判決のポイント

　亡Ａは、平成 22 年６月頃に適応障害を発症した後、その症状を悪化させ、同年８月頃に軽症うつ病エピソードの診断基準を満たすに至ったと認められる。

　労災保険法に基づく保険給付は、客

観的に業務に内在する危険性が実現したことに対する給付であって、労働者の障害という事実を業務自体に内在する危険とみることはできず、認定基準により業務起因性を判断するに当たり、障害の事実を考慮に入れるとする見解を採用することはできない。

障害を持つ者が、障害により業務が軽減されていたときは、その軽減された業務に内在する危険が実現したと認められるかが評価されるものであるし、軽減されていないときには軽減されていない業務に内在する危険が実現したと認められるか否かが評価されるものであるから、そもそも、障害による業務の軽減の有無によって心理的負荷の判断が異なるものと解することはできない。

認定基準において既に発症している精神障害の悪化の業務起因性について、「特別な出来事」に該当する出来事が認められることが要件とされたのは、…既に精神障害を発病している労働者本人の要因が業務起因性の判断に影響することが非常に少ない極めて強い心理的負荷があるケースについてのみ業務起因性を認めるのが適当とされたためであることが認められる…。…既に発症している精神障害が増悪した場合の業務起因性の判断において「特

別な出来事」の存在を要するとの認定基準は、基準として相当なものである。

亡Aに関し、臨床心理士との面談、人事部との面談、統括部長の対応、人事部と控訴人らとの面談およびその他の出来事のいずれにおいても、退職強要がされたとは認められない。

控訴人らの主張する時間外労働は亡Aの適応障害の発症前の6か月より前の出来事であるから、統括課長によるパワハラの有無にかかわらず、亡Aの精神障害の発症および本件自殺の業務起因性の評価に当たって考慮することはできない。

亡Aは、平成22年6月に適応障害を発症したものの…この発症については業務起因性は認められない。

亡Aの軽症うつ病エピソードの発症と本件自殺についての業務起因性を認めることはできない。

 応用と見直し

❖ 障害を考慮して判断すべきか

本件の控訴人らは、障害者が勤労の権利（憲法27条1項）を有することなどを根拠として障害という要素・属性を考慮に入れて認定基準による心理的負荷の判断をすべきであると主張し

た。しかし、本判決は、労災保険給付は、客観的に業務に内在する危険性が実現したことに対する給付であって、労働者の障害という事実を業務自体に内在する危険とみることはできず、障害の事実を考慮に入れることはできないと判断した。

多くの裁判例は、本判決と同様に、当該労働者を基準とせず、「平均的な労働者」または「同種労働者」を基準として判断している。たとえば、地公災基金静岡県支部長〈磐田市立Ｊ小学校〉事件（東京高判平24・7・19）は、「精神障害に係る労災請求事案において、公務起因性を判断するに当たっては、公務と精神疾患の発症や増悪との間に相当因果関係のあることが必要であり、相当因果関係が肯定されるためには、当該公務自体が、社会通念上、精神疾患を発症または増悪させる危険性を内在または随伴していることが必要である。そして、その危険性の有無を検討する上では、…被災職員と職種、職場における立場や経験等が同等程度の労働者で、特段の支障なく日常業務を遂行できる健康状態にある者が、その危険性となりうる状況を一般的にどのように受け止めるかという観点から判断されるべきであって、被災職員本人を基準として判断するものではない」と判断した。

❖ 精神障害が悪化した場合の判断枠組み

精神障害の労災認定は、「心理的負荷による精神障害の認定基準について」（平23・12・26基発1226第1号）によっている。この認定基準は、既に発病している精神障害が悪化した場合の業務起因性について、「特別な出来事」に該当する出来事があることを業務上の疾病として取り扱う前提としている。

本判決の原審は、「心理的負荷の度合いが『特別な出来事』に当たらないが、強い心理的負荷と評価される出来事が複数あるような場合、その心理的負荷の度合いは、『特別な出来事』のもたらす心理的負荷の程度に近接していくものと考えられ、かかる場合には『特別な出来事』に準ずる程度のものと解して然るべきものであ（る）」と判断していた。

しかし、本判決は、「既に発症した精神障害が悪化した場合には、業務による強度の心理的負荷が悪化の原因であると判断すること自体に困難を来たすことからすると、既に精神障害を発症した者の業務起因性の判断において、これを発症していない者には要求

されない『特別な出来事』を要すると
することには合理性があ（る）」と述
べて、認定基準を肯定した。

❖ 実務上の留意点

　本判決は、身体障害を前提として業
務に従事している場合には、精神障害
の業務起因性については、実際に従事
している業務を前提として心理的負荷
の強度を判断すれば良いとしたもので
あり、実務的にも参考になろう。裁判
所は、通達の認定基準を尊重しつつも、
事案に応じて修正してきた。既往の精
神障害が悪化した場合の労災認定につ
いて、今後も裁判所が認定基準と異な
る見解を示す可能性がある。

MEMO

労災不支給者の民事賠償額（労災・損害賠償）

－損害賠償請求事件－（大阪地判平 30・3・1）

弁護士　岩本　充史

［判タ 2382 号 60 頁］

行政訴訟では業務外、民事の損害賠償責任は？

うつ病を発症し自殺した店長の遺族が、会社らに損害賠償を求めた。大阪地裁は、82 日連続勤務と月 100 時間以上の時間外労働を認め、心理的負荷を「強」と認定。飲酒の影響で仕事に支障が出ていたが、業務と発病、自殺の相当因果関係を否定するものではないとした。代表取締役らの使用者責任も認めた。労災不支給処分の取消訴訟では、休日労働の事実を認めず、処分は確定していた。

うつ病発症について使用者に責任ありと判断

 事案の概要

本件は、手打ちそばおよびうどん等を店舗および宅配で客に提供する飲食店の経営を行う有限会社（以下 YA）の調理師 F が自殺したことについて、会社らに損害賠償金の支払いを求めた事案である。

F の相続人である X は、F の死亡の原因を、YA および F が出向していた YA と同様の経営を行う株式会社（以下 YB）での過重な長時間労働等によってうつ病エピソード（以下「本件疾病」）を発症したことにあり、両社並びに Y 両社の代表取締役または取締役であり労務管理の責任者であった YC、YE お

よび YD（以下「YC ら」）には、F を長時間労働等の過重な業務に従事させた故意または過失があるなどと主張した。本判決は、X の請求を一部認めた。なお、X は、国に対して労災認定を求める訴訟（以下「別件訴訟」）を提起していたが、大阪地裁（平 28・5・30）において請求を棄却され、大阪高裁（平 28・11・25）においても控訴を棄却され、確定した。

F は平成 15 年にアルコール依存症による肝臓障害を理由に 1 週間入院した。

F は、平成 17 年 5 月に入社し、平成 19 年 12 月頃から平成 20 年 3 月頃まで体に酒が残ったまま出勤し、嘔

吐しながら仕込み作業を行うなどしていた。同年5月2日にc店に異動して店長として勤務し、その後、同年8月4日にb店に異動した。

Fは、平成20年8月頃からは二日酔いのまま出勤するなど仕事に支障が出るようになったため、YCは、同月または同年9月頃、Fに対し、飲酒の影響で仕事に支障が出ていることについて注意し、仕事に支障を来すようであれば辞めてほしい旨を伝えた。Fは同年9月頃うつ病エピソードを発症した。同年11月に抑うつ状態、神経症および不眠症の診断を受けた。Fは、同年12月4日から休職し、平成21年4月に自殺した。

本件の争点は、①Fの自殺と業務との相当因果関係の有無、②YA、YBの安全配慮義務違反の有無等であるが、①について紹介する。

 判決のポイント

❖ 店長としての業務過重性

YEがc店の経理等の経営に関する業務を行っていたことおよびFは店の売上げについてノルマを課されていなかったことが認められ、Fが、真面目で責任感が強い性格であったことに鑑

みれば、店の売上げを意識し、従業員の動線等を気にしていたことなどは、YAからの業務命令によるものではなく、自発的に行っていたことであると認めるのが相当である。そうすると、Fが、…店長になったことの心理的負荷を大きいものと評価することはできない。また、Fは、c店へ異動した後も通勤時間はほとんど変わらなかったのであるから、異動自体に伴う心理的負荷も大きいものと評価することはできない。

❖ 長時間労働の有無

Xは、Fがc店において休日を取ることなく勤務していた旨主張し、これに沿う供述をするところ(1)W医師が、…Fを診察した際、Fの診療録に、同年5月から3か月間休みなく働いた旨記載したこと、(2)YCらが、…H（Fの義理の兄）と話をした際、Fが3か月間休みなく働いた旨のHの発言を否定しなかったこと、(3)I、OおよびP（パート・アルバイトら）が、…XおよびHと話をした際、Fから3か月間休んでいない旨聞いていたと話したこと、(4)Q（元従業員）が、…Hなどと話をした際、Fが3か月間休んでいなかった旨話したことは、Xの主張を根拠付ける主たる証拠といえる。

前記各証拠は、…その内容が一致しており、敢えて自分に不利な虚偽を述べる動機のない YC ら自身や利害関係のない医師の発言等を含むことからすれば、これらの信用性を否定し、あるいはこれらと矛盾する有力な証拠がない限り、Fが平成 20 年 5 月頃から 3 か月間休みなく働いた旨の事実を認めるに足りる証拠というべきである。

 応用と見直し

(1) 取消訴訟と安全配慮義務違反に基づく損害賠償請求訴訟の判断の相違

Xが行った労災請求に係る不支給決定に対する取消訴訟ではFの過重労働が認められなかったが、他方、本件では、認定されている。

精神障害についての業務起因性の判断は「心理的負荷による精神障害の認定基準について」（平 23・12・26 基発 1226 第 1 号）において、労働時間に関連する要素として「発病直前の 1 カ月におおむね 160 時間を超えるような…時間外労働を行った」「発病直前の連続した 3 カ月間に、1 月当たりおおむね 100 時間以上の時間外労働を行い、その業務内容が通常その程度の労働時間を要するものであった」「1 カ月以上にわたって連続勤務を行った」等が心理的負荷の強度を「強」とする旨が例示されている。他方、安全配慮義務違反に基づく損害賠償請求事案においても上記基準は、行政基準として定められたものではあるが、業務による心理的負荷と精神障害との因果関係について専門家の検討を踏まえた知見に基づき策定されたものであり、業務と自殺との相当因果関係を判断する際にも斟酌されている。そうすると、事実上、取消訴訟と損害賠償請求訴訟の相当因果関係（業務起因性）の判断は近づくはずである。

(2) 事実認定等

しかし、取消訴訟と損害賠償請求訴訟の相当因果関係（業務起因性）の判断は、前提となる事実が異なれば相違することはあり得る。本件と別件訴訟においてもFの過重労働の有無についての事実認定が異なり、本件では、82 日間の連続勤務が認定される等されたため、結果として相当因果関係（業務起因性）の判断に相違が生じている。この点については判決文のみからでは何ともいうことはできないが、W 医師がFを診察した際の診療録に 3 カ月間休みなく働いた記載があることを

Xの主張を根拠付ける事実としているが、FがW医師にかかる話をしたことを認定することは問題ないが、Fが3カ月間休みなく働いたことが真実であるかは診療録から明らかとはならないことを指摘しておく。また、別件訴訟で証拠として提出されている医学意見の中にはFは平成19年12月以降にアルコール使用による精神および行動の障害F10に罹患していたというものもあり、この点について、本件でどのように取り扱われたのかも判然としない。

(3) 労働時間、休日の把握の重要性

いずれにせよ、本件は、長時間労働の有無、休日の取得の有無等をより適切に管理することの重要性を再認識させるものである。

MEMO

有機溶剤で化学物質過敏症（労災・損害賠償）

－化学メーカーC社事件－（東京地判平30・7・2）

弁護士　岩本　充史　　　　　　　　　　　　　　　　[労判1195号64頁]

有機溶剤で化学物質過敏症を発症したとして賠償求める

有機溶剤が発散する環境で化学物質過敏症を発症したとして、損害賠償等を求めた。東京地裁は、作業環境測定は安全配慮義務の内容に含むと判断。濃度を測定して保護具を支給等すれば、ばく露を回避できたと推認し、発症との相当因果関係を認めた。安衛法や有機則の公法的規制が直ちに安全配慮義務の内容になるとはいえず、規制の趣旨や具体的状況で判断するとしている。

濃度測定せず安全配慮違反、保護具支給も怠る

 事案の概要

本件は、Yの従業員として化学物質を取り扱う検査分析業務に従事していたXが、Yに対し、有機溶剤等が発散する劣悪な就労環境で検査分析業務を強いられたことで、有機溶剤中毒および化学物質過敏症に罹患し、その後も就労環境の改善を繰り返し求めたが聞き入れられず、最終的には退社を余儀なくされたなどとして、雇用契約上の安全配慮義務違反を理由とする債務不履行または不法行為に基づき、治療費、逸失利益および慰謝料等の損害賠償等の支払いを求めた事案である。

本判決は、Xの請求を一部認めた。

本件の争点は、多岐に亘るが、①Xの症状と業務との間の因果関係の有無、②Yの安全配慮義務違反の有無について紹介する。

 判決のポイント

❖ 因果関係の有無

Xは、本件検査分析業務に従事する過程で、長期間にわたって、相当多量のクロロホルムやノルマルヘキサン等の有機溶剤に曝露されていたことが認められる。

Xは本件検査分析業務を行っていた…間、頭痛、微熱、嘔吐、咳などの症

状があったこと、…Yの産業医に体調不良を申し出て、職場の異動を希望していること、その後も体調不良を訴えて就労場所が複数回変更されたことが認められるところ…Xの症状のうち本件検査分析業務を行っていた際の症状は、…有機溶剤中毒の症状に合致し、本件検査分析業務を外れた後については…化学物質過敏症の症状に合致している。

…Xは、複数の医師から、有機溶剤中毒および化学物質過敏症に罹患したと診断されているところ、これらの診断は、…厚生省長期慢性疾患総合研究事業アレルギー研究班が提示した診断基準の検査所見に対応する検査方法を用いていることから、化学物質過敏症の病態等がいまだ完全に解明されていないことを考慮しても、信頼するに足りる…。

これらの本件検査分析業務の内容、Xの症状発症の経過、医師による診断内容を総合すると、Xは、本件工場内の研究本棟において、本件検査分析業務に従事する過程で、大量の化学物質の曝露を受けたことにより、有機溶剤中毒に罹患し、その後、化学物質過敏症を発症したと認めるのが相当である。

❖ 安全配慮義務違反の有無

使用者は、労働者に対し、労働者が労務提供のため設置する場所、設備もしくは器具等を使用しまたは使用者の指示の下に労務を提供する過程において、労働者の生命および身体等を危険から保護するよう配慮すべき義務（安全配慮義務）を負っている（最三小判昭59・4・10、労働契約法5条）ところ、安衛法、安衛則、有機則などの規制は、公法的規制であり、これらが直ちに安全配慮義務の内容になるものではないものの、当該規制が設けられた趣旨や具体的な状況の下において、これら規制が安全配慮義務の内容となる場合もあると解される。

以上のとおり、Yには、雇用契約上の安全配慮義務の内容としての局所排気装置等設置義務、保護具支給義務および作業環境測定義務の各違反が認められる。そして、各義務の法令上の基準は、作業従事者の健康被害を防止するために設定されたものであるから、Yの上記各義務違反がなければ、症状発現につながるようなXの有機溶剤および有害化学物質への曝露を回避することができたと推認することができ…Yの安全配慮義務違反とXが化学物質過敏症に罹患したこととの間には、相

当因果関係があると認められる。

 応用と見直し

(1) 化学物質過敏症の発症と業務との関係

　化学物質過敏症の病態等については
いまだ解明されていないとのことであ
るが、本判決は、Xの業務内容、症状
の発症の経過、医師による診断内容、
ばく露状況等を踏まえ、業務と化学物
質過敏症の発症との相当因果関係を認
めている。

　この判断に至る理由については本判
決では引用はされていないが、経験則
に照らして全証拠を総合検討し、特定
の事実が特定の結果発生を招来した関
係を是認し得る高度の蓋然性が証明さ
れれば足りるものであり、その判定は、
通常人が疑を差し挟まない程度に真実
性の確信を持ちうるものであることを
必要とし、かつ、それで足りると解す
るのが相当である旨判示した東大ル
ンバール事件（最二小判昭 50・10・
24）の考え方に影響を受けているも
のと思われる。化学物質を取り扱う業
務が存在する事業者においては、後記
のとおり、安衛法、有機則、特化則等
の法令で定める措置義務を負うか否

か、当該義務を履行することができて
いるか否かの確認とともに、化学物質
過敏症の症状等についても理解をして
おくことが求められよう。

(2) 安衛法上の措置義務と安全配慮義務の関係

　安衛法は、職場における労働者の安
全と健康を確保し、快適な作業関係の
形成を促進することを目的とし（同法
1 条）、事業者が講ずべき措置を定め
ている。本件で問題となるのは安衛法
22 条および有機則である。

　他方、安全配慮義務は、「ある法律
関係に基づいて特別な社会的接触の関
係に入った当事者間において、当該法
律関係の付随義務として当事者の一方
または双方が相手方に対して信義則上
負う義務」であり、労契法 5 条におい
て「労働者がその生命、身体等の安全
を確保しつつ労働することができるよ
う、必要な配慮をするものとする」と
定められている。安全配慮義務の内容
は、事案ごとに判断されるべきもので
あるが、安衛法等で定める法令上の義
務が直ちに安全配慮義務の内容となる
ことを認める見解とこれを否定する見
解に分かれており、本判決は、安衛法
等は公法的規制であり、これらが直ち
に安全配慮義務の内容になるものでは

ないとしつつ、当該規制が設けられた趣旨や具体的な状況の下において、これら規制が安全配慮義務の内容となる場合もあるとして後者の立場に立つことを明らかにしている。

(3) 安衛法等の措置義務とリスクアセスメント

本判決では、使用者に上記のとおり複数の措置義務違反を認めたが、それらの措置義務違反の中でも特に重要と思われるのが、作業環境測定義務である。この義務は安全配慮義務を尽くす前提となる作業環境の現状を認識するために必須のものであると解される。さらに厚生労働省は化学物質等による危険性または「有害性等の調査等に関する指針」（平27指針公示第3号）を公表しており、これらを参考に再点検をすることが有用であろう。

MEMO

自殺者の遺族がパワハラ原因と訴え

（労災・損害賠償）

－ゆうちょ銀行事件－（徳島地判平 30・7・9）

弁護士　渡部　邦昭　　　　　　　　　　　　　　［労判 1194 号 49 頁］

叱責受け自殺、パワハラ防止怠ったと賠償請求

　パワハラを受けて自殺したとして、遺族が会社に損害賠償を求めた。徳島地裁は、頻繁なミスに対する叱責で、発言内容も指導の範囲内とした一方、2 年間で体重が 15 キロ減るなど体調不良は明らかで、人間関係に起因すると容易に推認できたと判断。本人から相談がなくても配慮不要とはいえず、異動など環境の改善を怠り安全配慮義務違反として約 6000 万円の賠償を命じた。

体調不良明らかで配慮欠くとし賠償命じる

 事案の概要

　甲は、大学卒業後の平成 9 年 4 月、当時は旧郵政省に採用され、その後、転籍により平成 23 年 4 月より会社の従業員となり、a 地域センターお客様サービス課で勤務していた。甲は、平成 25 年 7 月 1 日付けで、d 貯金事務センター総務課に異動となり、翌日 8 月 1 日以降、貯金申込課主任となり、運行担当の業務に従事していたが、平成 27 年 6 月某日、市内の実家の居室で自殺した（死亡時 43 歳）。

　甲の唯一の相続人である実母（遺族）が、会社に対して、⑴甲が上司らからパワーハラスメントを受けた結果自殺した、⑵上司らがパワハラ防止措置を懈怠した、および職場環境配慮義務に違反したなどと主張して、使用者責任（民法 715 条）および債務不履行責任（民法 415 条）を根拠に 8190 万円余りの損害賠償を求めて訴えを提起した。本判決は、およそ以下のように判示して、遺族の請求を一部認容した。

 **決定のポイント**

　⑴AおよびB（主査）は、日常的に

甲に対し強い口調の叱責を繰り返し、…呼捨てにするなどもしており、部下に対する指導としての相当性には疑問があるといわざるをえない。しかし、部下の書類作成のミスを指摘し、その改善を求めることは、被告における社内ルールであり、主査としての上記両名の業務であるうえ、…叱責が日常的に継続したのは、甲が頻繁に書類作成上のミスを発生させたことによるものであって、…何ら理由なく叱責していたというような事情は認められない。…具体的な発言内容は甲の人格的非難に及ぶものとまではいえないこと…からすれば、…叱責が、業務上の指導の範囲を逸脱し、社会通念上違法なものであったとまでは認められない。

(2)雇用者には、労働契約上の付随義務として、労働者が、その生命、身体等の安全を確保しつつ労働することができるよう必要な配慮をする義務があるから（労働契約法5条）、雇用者である被告は、従業員である甲の業務を管理するに際し、業務遂行に伴う疲労や心理的負荷が過度に蓄積してその心身の健康を損なうことのないように注意する義務があるところ、雇用者の補助者として甲に対し業務上の指揮監督を行うAやBには、雇用者の注意義務に従いその権限を行使する義務がある

ものと解するのが相当である。

甲は、dに赴任後わずか数か月で、…異動を希望し続けていたが、dに赴任後の2年間で体重が約15kgも減少するなど係長Cが気に掛けるほど甲が体調不良の状態であることは明らかであったうえ、…Cはdの従業員から甲が死にたがっていると知らされてもいた。

(3)少なくともCにおいては、甲の体調不良や自殺願望の原因がAやBとの人間関係に起因するものであることを容易に想定できたものといえるから、甲の上司であるEやF（課長）としては、…甲の執務状態を改善し、甲の心身に過度の負担が生じないように、同人の異動をも含めその対応を検討すべきであったといえるところ、EやFは、一時的、甲の担当業務を軽減したのみで、その他にはなんらの対応もしなかったのであるから、会社には、甲に対する安全配慮義務違反があったというべきである。

(4)甲が、AやBとの人間関係等に関して、何らかのトラブルを抱えていることは、会社においても容易にわかりうるから、外部通報や内部告発がなされていないからといって、甲について何ら配慮が不要であったということは…できない（合計6142万円余りの損

害を被ったものと認められる）。

応用と見直し

パワハラとは、同じ職場で働く者に対して、職務上の地位や人間関係などの職場内の優位性を背景に、業務の適正な範囲を超えて、精神的身体的苦痛を与えるなど職場環境を悪化させる行為をいうと定義されている。

そして、行為類型としては、①暴行・傷害（身体的な攻撃）、②脅迫・名誉毀損・屈辱・ひどい暴言（精神的な攻撃）、③隔離・仲間はずし・無視（人間関係からの切り離し）、④職務上明らかに不要なことや遂行不可能なことの強制、仕事の妨害（過大な要求）、⑤業務上の合理性がなく、能力や経験とかけ離れた程度の低い仕事を命じることや仕事を与えないこと（過小な要求）、⑥私的なことに過度に立ち入ること（個の侵害）があるとされている。しかし、個別具体的な事案において、適正な指導と違法なパワハラとの線引きは困難である場合が少なくない。

パワハラの法的問題としては、加害者である上司（使用者としての企業）や同僚の被害者従業員に対する身体、名誉感情、人格権などを侵害する不法行為責任や、企業の被害者従業員に対する雇用契約上の安全配慮義務違反の責任の有無の問題となる。たとえば、上司の部下に対する電子メールでの「やる気がないのなら辞めるべき」などの言辞を含む叱咤督励につき許容限度を超えて名誉感情を侵害したとして不法行為責任を認めた判例（A保険会社上司事件＝東京高判平17・4・20）がある。

また、前田道路事件では、営業所長就任直後から業績に関する虚偽報告を行うための不正経理を開始・継続し、その後自殺した労働者丙につき、一審（松山地判平20・7・1）は、「会社が、丙に対し、過剰なノルマ達成を強要したとは認められない。しかし、約1800万円の架空出来高の解消を踏まえた上での事業計画の目標値は、丙の営業所を取り巻く環境に照らして達成困難な目標値であったというほかなく、毎朝工事日報を報告させて、他の職員から見て明らかに落ち込んだ様子を見せるに至るまで叱責したり、業績検討会の際に『会社を辞めれば済むと思っているかもしれないが、辞めても楽にはならない』旨の発言をして叱責したことは、不正経理の改善や工事日報を報告するよう指導すること自体が正当な業務の範囲内に入ることを考慮しても、社会通念上許される業務上の

指導の範疇を超えるものと評価せざるを得ないものであり、丙の自殺と叱責との間に相当因果関係があることを考慮すると、…叱責等は不法行為として違法であり、会社の安全配慮義務違反も認められる」として、6割の過失相殺をしたうえで、請求を一部認容した。

一方、二審（高松高判平21・4・23）は、架空出来高の計上等につき、「上司の是正指示から1年以上が経過した時点においても是正されていなかったことなどを考慮に入れると、上司らが丙に対して、不正経理の解消や工事日報の作成についてある程度の厳しい改善指導をすることは、上司らのなすべき正当な業務の範囲内にあるものというべきであり、社会通念上許容される業務上の指導の範囲を超えるものと評価できない」として、上司らの叱責等の違法性を否定して、一審判決を取り消して請求を一部斥けている。

以上のように、適正な注意指導と違法なパワハラとの線引きは個別具体的には判断の困難な事例が少なくなく、本件もそのひとつとみられる。

MEMO

被害者請求権と国の求償権の調整

（労災・損害賠償）

－保険金請求事件－（最一小判平 30・9・27）

弁護士 石井 妙子

［労経速 2363 号 9 頁］

後遺障害残り自賠責請求、満額受け取れない!?

交通事故で労災の障害補償一時金では補いきれない損害を受けたとして、加害者の自賠責保険から保険金をいくら受け取れるか争われた訴訟の上告審。保険会社は自賠責の限度で、被害者と国の請求額に応じ按分していた。最高裁は、国が求償した結果、被害者が保険金を優先的に受け取れないのは自賠責や労災の制度趣旨に沿わないと指摘。遅延損害金算定のため原審に差戻した。

被害者の請求権が国の求償権より優先すると判断

 事案の概要

Xは、トラック乗務員として貨物自動車を運転中、反対車線から進入したA運転の車両と正面衝突して左肩を負傷し、後遺障害が残った。Aは本件事故で死亡し、相続人は相続を放棄、Aは任意保険を締結しておらず、Y保険会社と自賠責保険の契約が締結されているだけであった。

政府は、本件事故について第三者行為災害として、Xに対し労災保険給付（療養補償給付、休業補償給付および障害補償給付合計 908 万円余）を行

い、XのY社に対する直接請求権（自賠法 16 条 1 項）は、労災保険給付の価額の限度で国に移転した（労災保険法 12 条の 4 第 1 項）。

Xは、Y社に対して保険金請求訴訟を提起し、損害額についても争いがあったものの、原審（東京高判平 28・12・22）において、Xが、労災保険給付を受けてもなお填補されない損害は、傷害につき 303 万円余、後遺障害につき 290 万円であるとされ、本件事故に係る自賠責保険金額は傷害につき 120 万円、後遺障害につき 224 万円であるところ、Xの請求につ

き、自賠責保険金額の合計である 344 万円およびこれに対する原判決確定の日から支払い済みまでの遅延損害金の請求が認容された。

　Y 社は、保険金は、労災保険給付により政府が代位取得した直接請求権と被害者の直接請求権で按分すべきであると主張し、X は遅延損害金の起算点を争い、双方上告した。

 判決のポイント

1　保険金請求の優劣関係

　被害者が労災保険給付を受けてもなお填補されない損害（以下「未填補損害」）について直接請求権を行使する場合は、他方で国に移転した直接請求権が行使され、双方の直接請求権の額の合計額が自賠責保険金額を超えるときであっても、被害者は、国に優先して自賠責保険の保険会社から自賠責保険金額の限度で直接請求の支払を受けることができる。その理由は次のとおりである。

　(1)自賠法の直接請求の制度は、被害者は少なくとも自賠責保険金額の限度では確実に損害の填補を受けられることにしてその保護を図るものであるから、被害者において、…未填補損害の

額が自賠責保険金額を超えるにもかかわらず、自賠責保険金額全額について支払を受けられないという結果が生ずることは、同法 16 条 1 項の趣旨に沿わないものというべきである。

　(2)第三者行為災害について、労災保険給付が行われた場合には、その給付の価額の限度で、受給権者が第三者に対して有する損害賠償請求権は国に移転するものとしている（法 12 条の 4 第 1 項）。同項が設けられたのは、受給権者において労災給付により填補された損害の賠償を重ねて第三者に請求することを許すべきではないし、他方、損害賠償責任を負う第三者も、填補された損害について賠償義務を免れる理由はないことによるものと解される。労働者の負傷等に対して迅速かつ公正な保護をするため必要な保険給付を行うなどの同法の目的に照らせば、…労災保険給付の価額を国に移転した損害賠償請求権によって賄うことが、同項の主たる目的であるとは解されない。…国に移転した直接請求権が行使されることによって、被害者の未填補損害についての直接請求権の行使が妨げられる結果となるのは、同項の趣旨にも沿わないものというべきである。

— 115 —

2　遅延損害金の起算点

　直接請求の支払債務について、損害賠償額の支払請求に係る自動車の運行による事故および当該損害賠償額の確認をするために必要な期間が経過するまでは遅滞に陥らない旨を規定する（自賠法16条の9第1項）。…「必要な期間」とは、保険会社において、調査をするために必要とされる合理的な期間をいうと解すべきであり、…事故または損害賠償額に関して保険会社が取得した資料の内容およびその取得時期、損害賠償額…の争いの有無およびその内容、被害者と保険会社との間の交渉経過等の個々の事案における具体的事情を考慮して判断するのが相当である。Xが直接請求権を訴訟上行使した本件において、…損害賠償額支払債務が原判決の確定時まで遅滞に陥らないとすることはできない。…遅滞に陥る時期について更に審理を尽くさせるため、本件を原審に差し戻す。

 応用と見直し

　労災法12条の4は、第三者行為災害に関する労災保険の給付と民事損害賠償との支給調整を定めている。先に政府が労災保険の給付をしたときは、政府は、被災者等が加害者である第三者に対して有する損害賠償請求権を労災保険の給付の価額の限度で取得するものとし、被災者が第三者から先に損害賠償を受けたときは、政府は、その価額の限度で労災保険の給付をしないことができるとしている。

　政府が損害賠償請求権を取得した場合は、第三者に請求をすることになるが、第三者でなく、保険会社にも請求できるかというと、自賠法16条1項は、被害者の直接請求権を定めており、労災給付をした政府もその価額の範囲で直接請求権を取得することになる。直接請求権は、被害者が、加害者の締結していた保険会社に対して請求できるとするもので、法律が特別に認めた権利なので、労災法12条の4の「損害賠償請求権」に該当するのか議論の余地があるが、通説・判例・実務とも肯定に解している。

　ところで、労災給付では、損害のすべてが填補されるわけではなく、たとえば慰謝料は給付されず、休業補償も100％ではない。被災者は、労災給付で填補されない部分については、加害者である第三者に賠償請求することもできるし、保険会社に直接請求することもできる。保険会社からすると、政府による直接請求（労災給付の価額の

限度）と、被災者による直接請求（労災給付で填補されない部分）が競合することになる。その調整について、保険実務においては、両方の直接請求権は、共に同質の債権であるから、民法427条の比例配分を採用する（按分説）とされていたが、学説上は、被害者優先説が有力であり、老人保健法により取得した直接請求権については、被害者優先の最高裁判例があった（最三小判平 20・2・19）。本判決は、労災保険法により取得した直接請求について、被害者優先説を採用したものであり、これによれば、保険会社としては、同時に請求があれば被害者を優先し、政府から先に請求があっても、被害者に直接請求の予定があるか確認してから対応する必要があるということになる。

MEMO

従業員同士の傷害事件の損賠賠償（損害賠償）

－Y社事件－（横浜地裁川崎支判平 30・11・22）

弁護士　石井　妙子　　　　　　　　　　　　　［労経速 2376 号 14 頁］

ミスの言い争いから殴られ障害負い賠償求める

　介護事業所内のケンカで障害を負ったオペレーターが、加害者の訪問介護員と会社に損害賠償を求めた。ミスの責任をめぐる言い争いから暴行に発展した。裁判所は、被害者の担当業務に注意指導は含まれず、事業執行と密接な関連はないとして使用者責任を否定。また、会社に予見可能性はなく安全配慮義務も負わないとした。加害者には不法行為が成立し、被害者の過失 3 割として賠償を命じた。

事業執行と密接な関連なく、使用者責任を否定

 事案の概要

　Y1 会社（以下「Y1」）は、訪問介護サービスなど居宅サービスの提供等を業とする会社であり、利用者の緊急時の連絡方法として通報装置を利用者宅に設置していた。

　X は、Y1 のパート従業員として、週末および祝日の夜間に浦安事業所に待機し、緊急コール等に電話対応をすることを主な内容とする夜間のオペレーター業務を担当し、Y2 は、同社の訪問介護員（以下「ケアスタッフ」）として雇用され、定期巡回訪問介護業務等に従事していた。

　X と Y2 は、X の入社当日から折り合いが悪かったところ、Y2 は、X の入社 3 回目の勤務日に、利用者から、通報装置で緊急コールをしようとしたが、つながらなかったとの苦情を受けた（以下「本件トラブル」）。その原因は、X が受信装置を適切に操作することができなかったためであった。しかし、X は、Y2 のミスであるとして責任を転嫁する言動をし、Y2 にミスがあった旨の事実に反する報告書をパソコンで作成するような行動をとったため、Y2 は、憤激して暴行に及び、X は負傷し、身体障害等級第 12 級の後遺症が残った。

　X は、Y2 に対しては不法行為に基づき、Y1 に対しては使用者責任また

は雇用契約上の債務不履行責任（安全配慮義務違反）に基づき、損害賠償金1195万218円およびこれに対する遅延損害金の連帯支払いを求めて提訴した。

 判決のポイント

1　Y2の責任

本件は、パソコンを取り上げようとしたY2の手首を、Xがひねったことがきっかけであるが、その後のY2の暴行の内容および程度に照らすと、…正当防衛の成立を認めることはできず、Y2は、不法行為に基づく損害賠償責任を負う。

2　Y1の使用者責任（民法715条）

使用者は、被用者がその事業の執行について第三者に加えた損害を賠償する責任を負う。…当該暴行が使用者の事業の執行を契機とし、これと密接な関連を有すると認められるかによって判断するのが相当である。

ケアスタッフに業務上のミスがあった場合の指導や注意、…ミスや利用者からの苦情に関する報告書の作成は、Xの担当業務には含まれておらず、…本件暴行の原因となったXの言動は、Xの担当業務の遂行には当たらない。…また、本件トラブルの原因は、Xが…受信装置の操作を理解していなかったことにあ（り）、…Y2には業務上のミスはない。本件暴行の原因とY1の事業執行との間には密接な関連性は存しない。

XとY2は、初対面の時から互いに…不快な感情を抱き、その後も、互いに相手の態度や発言に反感を抱き、…敵対的な感情を相互に強めていたところ、Xが、…Y2を貶める発言や、本件トラブルの原因はY2のミスなので報告するなどと…発言をしたこと等から、これに憤激したY2が、Xからパソコンを取り上げようとし、XがY2の右手首をつかんでひねったことが…、本件暴行のきっかけとなった…。本件暴行は、事業所内において従業員同士の間で勤務時間中に行われたものではあるが、その原因は、個人的な感情の対立、嫌悪感の衝突、Xの侮辱的な言動にあり、本件暴行は、私的な喧嘩として行われたものと認めるのが相当である（使用者責任を負わない）。

3　Y1の安全配慮義務違反の責任

本件暴行は、Xが入社後わずか3回目の勤務日に行われたこと、…この間、XとY2が顔を合わせる…時間を合計

しても4時間程度に止まる…。Y2が、本件暴行前に、他の従業員に対し暴行を加えたことがあったなどの事情や、Xと…険悪な状態となっているとの報告や情報が本件暴行前にY1に寄せられたなどの事情も、窺われない。Y1において、Y2の暴行につき予見可能性があったとはいえないから、…結果回避義務があったということはできない（安全配慮義務違反は存しない）。

4 過失相殺

本件暴行はXの発言等によって誘発され…Xにも少なからぬ過失があり、過失割合は3割を下らない。

 応用と見直し

民法715条は、従業員が「事業の執行につき」他人に損害を与えた場合に、使用者にその損害を賠償する責任を負わせるものである。職場における暴力行為は、それ自体が事業の執行ということはあり得ないが、職務と密接な関連性のある場合には、「職務の執行につき」の要件を満たすとされ、使用者責任が肯定される。

この密接関連性について、かつては、勤務中、職場内の行為については、比較的緩やかに使用者責任を肯定する

ものもあったが、近年は、時間的・場所的関連性だけでなく、暴力行為が生じた原因と事業執行行為との密接関連性を要求し、当事者の担当職務、職責等に照らして、密接関連性を検討するようになった。たとえば、佃運輸事件（神戸地裁姫路支判平23・3・11）は、従業員Aが、配車担当に怒鳴り散らしていたところ、見かねた運行管理係が外に連れ出そうとして、Aから暴行を受けた事案であるが、怒鳴り散らす従業員を外に連れ出そうとする行為は、警備員の業務であるということはできても、運行管理係の固有の職務ではあるとはいえないし、上司の業務命令に基づくものでもないとして、執行行為との密接関連性を否定している。

本件判例も、暴力行為の引き金となったXの言動（Y2のミスについて指導、注意したり報告書を書くこと）が、その職務に属するものであったか否かを問題としている。

職場におけるケンカ沙汰について、使用者責任を負う範囲をむやみと広げることをせず、原因行為が職務の範囲内のものかどうかというアプローチにより、報償責任・危険責任の観点から、責任を負う対象を適切な範囲にとどめようという考慮があるのではないかと思われる。

ただし、同僚間のケンカ沙汰でなくパワハラと認定されるような、上司の叱責に伴う暴力沙汰は別である。部下の勤務状況等に対する指導や叱責は、上司・部下双方において職務内容に該当するから、この場合は、会社が原則として使用者責任を負うことになると考える。また、職場における人間関係の悪化も、相談やその他情報提供があった場合には、予見可能性、結果回避義務があるとされて、安全配慮義務の対象となる可能性があるので留意が必要である。

MEMO

SNS 投稿削除命令は不法行為か（損害賠償）

－プラネットシーアールほか事件－（長崎地判平 30・12・7）

弁護士　岩本　充史　　　　　　　　　　　　　　　［労判 1195 号 5 頁］

"ブラック企業" とネットに公表され削除命令は

パワハラで休職に追い込まれたとして上司らに損害賠償を求めた事案。「ブラック企業」と記載した SNS の投稿削除を会社が指示したことも、不法行為に当たると訴えた。長崎地裁は、叱責は指導を逸脱したいじめと推認し、会社と連帯して賠償を命じた。一方、SNS で社会的な評価の低下は否定できず、削除の指示は専ら嫌がらせが目的とはいえないなどとし不法行為とは認めなかった。

SNS で社会的評価低下、削除命令は不法行為ではない

 事案の概要

本件は、Y1 に採用されて広告制作業務に従事し、平成 26 年 7 月 16 日から休職した X が、Y3（X の上司）のパワーハラスメント等により休職に追い込まれ治療を余儀なくされたとして、Y3 らに対し、不法行為に基づく損害賠償金等の支払いを求めた。

Y1 に対しては、Y3 の使用者（民法 715 条 1 項）として、前記金員の連帯支払いを求めたほか、本件訴訟係属中における Y1 の X に対する「業務指示書」と題する文書などの送付が、パワハラに当たり不法行為を構成するとして、慰謝料等の支払いなどを求めた事案である。

文書には、要旨、①「Y2（編注：Y1 の親会社）事件パワハラ・長時間労働／賃金未払・不当解雇」と題するフェイスブック・ツイッターページを完全に削除すること、②X に対する懲戒処分を検討しているため、何らかの弁明や謝罪があれば書面受領後 1 週間以内に提出すること、③X の現在の病状、就業可能でない場合は就業可能となる時期についての見通しが記載された診断書を書面受領後 2 週間以内に提出すること、④③記載の書面提出後に Y1 が指示した場合は Y1 の指定する医師を受診することが記載されていた。

本件においては争点が多岐にわたっているため、(1)パワハラに関するY1らの責任に係る判断、(2)訴訟係属中にY1がXに送付した文書が不法行為となるか否かの部分について紹介する。

 判決のポイント

(1)Y3から残業時間を減らすための指導はあったものの、基本的には、同じ結果をより短時間で出すよう求め、それが達成できない場合には更に注意するというものであった。…Y3は、…叱責中のXの目つきや態度が気に食わないとして叱責したり、過去に叱責した問題を蒸し返して叱責したり、…内容的にはもはや叱責のための叱責と化し、時間的にも長時間にわたる、業務上の指導を逸脱した執拗ないじめ行為に及ぶようになっていた。…叱責の原因となる残業の問題…は、Xの努力のみによって解消しがたいものであった…。また、…始末書が累積しているなどと述べて解雇等をちらつかせたり、Xをスケジュールミーティングに参加させず、Xからの報告だけ受け付けないなど業務から排除することもあり、このような行為も、それ自体業務指導の範囲を逸脱するいじめ行為と評価せざるを得ない。…Y3の行為は、

Xの人格権等を違法に侵害する不法行為（民法709条）…であり、…Y1も、使用者責任に基づき、Xの損害を賠償する責任を負う。

(2)Xは、訴訟遂行と並行して、フェイスブック…のページを運営していたが、…「ブラック企業」のキーワードにハッシュタグを記入して公開するようになったこと、…当該ページは、Y1…がパワハラ、長時間労働、賃金未払および不当解雇の問題を惹起させた旨を摘示し、…Y1…が世上ブラック企業と称される企業と同類である旨を暗に主張するものと理解されるところ、当該ページの記載は…Y1の社会的評価を低下させるものである…。

Y1において…ページの見出しが事実に反するわけではないこと、「ブラック企業」の意義は一義的ではないものの、…世にいうブラック企業と同類と称されてもやむを得ないこと、…などの事情もある一方で、前記のようなページの運営・公開がY1の信用を毀損するなどの懲戒事由に当たるとのY1の主張も、およそ根拠を欠くものとはいえない。

（文書にある）Y1の業務指示は、パワハラ等の被害者に当たるXの心情に対する配慮に欠ける態様のものであるが、これ自体が業務指示としておよそ

根拠を欠き、専ら嫌がらせまたはいじめを目的としたものであるとまでは認めることはできない。

応用と見直し

いわゆるパワハラについては、2019年の国会においてパワハラ防止対策の法制化等を内容とする労働施策総合推進法の一部を改正する法律が成立する等、パワハラに関する社会の関心も高い。本事案もパワハラ等を内容とするもので、報道等もなされ、読者においても関心があると思われるため、一事例として紹介する。

(1) パワハラに係るY3、Y1の責任

Y3のXに対する言動は前記のとおり、違法と判断された。一般的には、指導する権限を有する上司が部下に対して業務上の注意・指導を行うことは原則として、適法であることはいうまでもないが、業務の適正な範囲を超える場合には、違法であると判断されている。そして、この適正な範囲を超える類型としては、厚生労働省「職場のいじめ・嫌がらせ問題に関する円卓会議ワーキング・グループ報告」の行為類型によれば、①暴行・傷害（身体的な攻撃）、②脅迫・名誉毀損・侮辱・ひどい暴言（精神的な攻撃）、③隔離・仲間外し・無視（人間関係からの切り離し）、④業務上明らかに不要なことや遂行不可能なことの強制、仕事の妨害、⑤業務上の合理性なく、能力や経験とかけ離れた程度の低い仕事を命じることや仕事を与えないこと（過小な要求）、⑥私的なことに過度に立ち入ることが挙げられている。本判決においても、「叱責のための叱責」（前記④）、「解雇等をちらつかせ」（る）（＝②）、「Xをスケジュールミーティングに参加させず、Xからの報告だけ受け付けないなど業務から排除する」（＝③）等の事実関係を摘示してY3の不法行為責任を判断しており、参考となろう。

(2) 労働者が使用者の名称を掲載したSNSを公開すること

パワハラ事案において、労働者がSNSを公開することは珍しいことではないし、これにより使用者の社会的評価が低下することもあり、使用者が労働者に当該SNSを閉鎖することを求めることもあろう。本判決では、上記のとおり、使用者の社会的評価を低下させるものであることから、①SNSを削除することを求めること、②懲戒事由に該当するため、懲戒処分を検討していること、③就業可能か否かの診

断書を提出すること等を記載した文書を送付したことについて、「専ら」嫌がらせ・いじめ目的とまでは認められないとして、不法行為と判断しなかった。しかし、本判決も文書を交付することについて「被害者に当たるＸの心情に対する配慮に欠ける」と指摘しているとおり、使用者が訴訟係属中に労働者に対して文書を交付する際には交付の可否、態様等について慎重な判断が求められることに留意をするべきである。

MEMO

身だしなみ基準違反理由の考課の有効性

（損害賠償）

－大阪市交通局事件－　（大阪地判平31・1・16）

弁護士　石井　妙子　　　　　　　　　　　　　　　　　［労経速 2372 号 17 頁］

身だしなみ基準違反で考課減点され慰謝料請求

　地下鉄の運転士 2 人が、ひげで低評価の査定を受けたと慰謝料などを求めた。身だしなみ基準では整えた状態も不可だった。大阪地裁は、ひげは社会に広く肯定的に受け入れられておらず禁止に合理性はあるが、身だしなみ基準は任意の協力を求める趣旨で、不利益処分とすることは合理的な限度を超えると判断。上長の退職示唆なども含め裁量権の逸脱濫用として各 22 万円の支払いを命じた。

ひげで低評価は裁量逸脱として、権利濫用と認定

 事案の概要

　X1、X2 は、それぞれ口元と顎下等にひげをたくわえて、Y 市交通局の職員として地下鉄運転業務に従事していた。平成 24 年 9 月に「職員の身だしなみ基準」（「本件身だしなみ基準」）が制定され、「髭を伸ばさず綺麗に剃ること。（整えられた髭も不可）」とされたが、Y 市は、同基準は、お客さま第一主義に基づき、職員の任意の協力を求めるものであるとしている。

　X らは、ひげを剃るよう再三、職務命令または指導を受けたが従わなかっ

た。その結果、ひげを理由に人事考課において低評価の査定を受けたとして、当該職務命令等および査定は、人格権としてのひげを生やす自由を侵害するものであって違法と主張し、(1)本来支給されるべき賞与（勤勉手当）と、低評価の査定を前提に支給された賞与の差額等、(2)国賠法 1 条 1 項に基づく損害賠償として、慰謝料および弁護士費用の各合計 220 万円等の支払いを求めた。

決定のポイント

1　勤勉手当の差額請求

　本件人事考課制度においては、業務内容等の総合考慮により絶対評価の点数が付され、その点数を他の職員と比較することにより最終的な相対評価区分が決定される。Ｘらは、絶対評価３点、相対評価で第３区分に位置付けられることを前提に差額請求しているが、絶対評価の際に、ひげを生やしていたことを考慮したことが違法であったとしても、そのことから直ちに、絶対評価で３点が付されることになるとか、相対評価で第３区分とされていたと認めることもできず、第３区分の査定に基づく勤勉手当の請求権が具体的権利として発生していたということはできない。

2　国賠法上の違法行為

　公務に対する住民の信頼を損なわないように職員の服務を規律することは地方公共団体の責務である。身だしなみに関する諸規程が設けられていることも、かかる要請に基づくものであると認められる。

　他方において、ひげは、…服装や髪型等と同様に、個人が自己の外観をい

かに表現するかという個人的自由に属する事柄であるという面も存在する。…服務中の規律が、私生活にも及び得るものであることに鑑みると、ひげに関する服務規律は、事業遂行上の必要性が認められ、かつ、その具体的な制限の内容が、労働者の利益や自由を過度に侵害しない合理的な内容の限度で拘束力があると認めるのが相当である。

　以上を踏まえて本件についてみると、…地下鉄運転士に対して、職務上の命令として、その形状を問わず一切のひげを禁止するとか、単にひげを生やしていることをもって、人事上の不利益処分の対象とすることは、服務規律として合理的な限度を超えるものであるといわざるを得ない。この点、…本件身だしなみ基準が、そのような趣旨であるとまでは認められず、Ｙ市が主張するとおり、交通局の乗客サービスの理念を示し、職員の任意の協力を求める趣旨のものであると認めるのが相当で…、同基準の制定それ自体が違法であるとまではいえない。

　Ｘらの上司らが、Ｘらに対して、ひげを剃るよう指導していたことは認められるが、業務命令としてひげを剃ることを求めていたとは認められず、…国賠法上の違法性があるとは認められ

ない。もっとも、運輸長は、…人事上の処分や退職を余儀なくされることまでを示唆して、ひげを剃るよう求めていたことが認められ、…任意の協力を求める本件身だしなみ基準の趣旨を逸脱したものとして…違法である。

Ｘらに対する人事考課において、…の項目につき減点評価されたのは、主としてひげを生やしていることを理由としたものであると認められ、…上記評価は、人事考課における使用者としての裁量権を逸脱・濫用するものであるといわざるを得ない。…本件各考課の内容については、Ｘらの人格的な利益を侵害するものであり、適正かつ公平に人事評価を受けることができなかったものであって、国賠法上違法であると評価するのが相当である。

3　慰謝料

Ｘらは、運輸長の指導等によって、長年にわたり生やしていたひげを、意に反して剃らなければならない旨の心理的圧迫を受けるとともに、現に適正かつ公平に人事評価を受けることができなかったことにより、精神的苦痛を受けたことが認められる。

他方で、Ｘらが、実際には意に反してひげを剃ることはなかったこと…等の一切の事情を総合的に斟酌すると、

…精神的苦痛に対する慰謝料は、それぞれ 20 万円の限度で認めるのが相当である。…また、弁護士費用として、各 2 万円を損害と認める。

応用と見直し

髪形やひげ、服装は基本的には個人の自由に属する問題である。しかし、労働者が労働契約上の義務である労務提供をする際に、その内容・質との関係で一定の身だしなみが要求されることがある。そこで、業種や担当業務の内容に照らして合理的な範囲内であれば、使用者として職場のルールを定めるなど一定の制約が可能である。

もっとも、合理的な範囲について一律に線が引けるものではなく、規制対象となる髪形やひげ等の状況と、業務上の必要性の内容や程度の総合判断となる。たとえばサービス業で、無精ひげであれば、禁止規定を定めてこれを遵守するよう指導し、さらには業務命令としてひげを剃るよう命じることも考えられる（奈良地判平 10・3・20）。しかし、無精ひげとまでいえなければ、業務内容に応じて、指導に留めるべきケース、助言や推奨に留めるべきケースなどが通例であろう。

本件身だしなみ基準は、整えられた

ひげも不可という、その点では厳しいルールであったが、ただし、任意の協力を求めるものであるから、ルール自体は違法とはいえないとされている。したがって、このルールに基づいて任意協力を求める「指導」については、違法ではないとされたが、処分等の不利益処遇を示唆したものについては違法とされ、人事考課に影響させた点も違法としている。

郵便事業（身だしなみ基準）事件（大阪高判平 22・10・27）も、男性の長髪、ひげについて、不快感を与えるもので

ないにもかかわらず、繰り返し髪を切るよう要求したり、業務を限定したり、人事評価をマイナスにするなどの対応をしたことは、違法であるとした。

価値観が多様化している現代において、身だしなみに関する対応のあり方としては、ルールを作り、これによる指導・助言を基本とすべきである。仮に、評価や配属に影響させるなどの不利益性のある措置を講じる場合には、規制の合理性・必要性等を慎重に検討する必要がある。

MEMO

社内での録音禁止違反で懲戒処分（懲戒処分）

－甲社事件－（東京地裁立川支判平30・3・28）

弁護士　牛嶋　勉

社内でレコーダー使用、業務命令違反の懲戒に

社内で録音を禁じる業務命令に違反したと懲戒処分後、会社が勤務成績不良で普通解雇した事案。裁判所は、就業規則の規定にかかわらず、労働契約上の指揮命令権や施設管理権に基づき無断の録音を禁止できると判断。録音を嫌忌して自由な発言が妨げられれば職場環境が悪化するとして正当とした。居眠りなどの注意指導を聞き入れず改善は見込めないとして解雇を有効とした。

職場環境面から録音禁止可、解雇も有効と判断

 事案の概要

原告は、平成26年3月、被告会社に正社員として雇用され、平成28年6月、被告から普通解雇されたが、普通解雇の無効を主張して、労働契約上の権利を有する地位にあることの確認等を請求した。これに対し、被告は、反訴を提起し、社宅の明渡し等を請求した。

原告は、平成26年10月、被告から退職勧奨を受けたがこれを拒否し、被告に「休職届」を送付し、同年11月、私傷病休職となった。平成27年7月、原告は、被告に「復職届」を送付し、8月から出社を再開した。これに対し、

被告は、出社しないよう求めたが、原告は、出社を続けた。同年11月、被告は原告に対し、復職を許可した。

平成28年5月、被告は原告に対し、同人には、適切な目標管理シート提出についての説明・指導のために行われた目標管理面談において、上司の録音・録画禁止の業務命令を拒絶した業務命令違反行為の疑いがあるとして、弁明の機会を付与した。そのうえで、被告は、同年6月、原告に対し、就業規則の「正当な理由なく上長の命に背いたとき」等に該当するとして、譴責の懲戒処分とし、始末書の提出を命じた。これに対し、原告は、不当な懲戒処分の撤回を求める、録音に対する懲戒処

分は退職強要および不当労働行為に該当する、これからも録音機を使うなどと記載した始末書を提出した。

同年6月、被告は原告に対し、就業規則の「著しく仕事の能率が劣り、勤務成績不良のとき」等に該当するとして、普通解雇した。

 判決のポイント

原告は、…復職したと称して出社を続けているのであって、就業規則が定める復職手続を無視し、自己の見解に固執し、被告や自ら加入した労働組合からの正当な指導・指示も受け入れず、一方的な出社を続けているといわざるを得ず、会社の規則を軽視し、…正当な指示も受け入れない姿勢が顕著といわざるを得ない。

原告の作成・提出した目標管理シートや能力評価表は、…到底その趣旨に合致しないものであった。しかも、原告は、…上司に当たるべき者達から繰り返し説明や指示を受けたにもかかわらず、当初その提出を拒否していたり、到底その趣旨に合致しない目標管理シート等を提出したりしているのであり、…会社の決まりを軽視し、会社の正当な指示も受け入れない姿勢が顕著といわざるを得ない。

雇用者であり、かつ、本社および東京工場の管理運営者である被告は、労働契約上の指揮命令権および施設管理権に基づき、被用者である原告に対し、職場の施設内での録音を禁止する権限がある…。

被用者が無断で職場での録音を行っているような状況であれば、他の従業員がそれを嫌忌して自由な発言ができなくなって職場環境が悪化したり、営業上の秘密が漏洩する危険が大きくなったりするのであって、職場での無断録音が実害を有することは明らかであるから、原告に対する録音禁止の指示は、十分に必要性の認められる正当なものであった。

原告は、…上司らから録音禁止の正当な命令が繰り返されたのに、これに従うことなく、…譴責の懲戒処分を受けても何ら反省の意思を示さないばかりか、処分対象となった行為を以後も行う旨明言したものであって、会社の正当な指示を受け入れない姿勢が顕著で、将来の改善も見込めなかった。

原告は、もともと正当性のない居眠りの頻発や業務スキル不足などが指摘され、…従業員としてなすべき基本的な義務を怠り、適切な労務提供を期待できず、私傷病休職からの復職手続においても、目標管理シート等の提出に

おいても、録音禁止命令への違反において、自己の主張に固執し、…会社の規則に従わず、会社の指示も注意・指導も受け入れない姿勢が顕著で、他の従業員との関係も悪く、将来の改善も見込めない状態であった…。これによれば、被告が「著しく仕事の能率が劣り、勤務成績不良のとき」および「その他前各号に準ずる程度のやむを得ない事由があるとき」…に該当するとして行った本件普通解雇は、客観的に合理的な理由を欠くとも、社会通念上相当でないとも認められない（解雇有効）。

 応用と見直し

❖ 職場での録音禁止は可能

　企業内において、従業員による会話等の録音が問題になることが多くなっている。特に、上司等によるパワハラ等があると主張する従業員が黙って録音しておいて後で録音があると主張することが少なくない。中には、上司が部下と話をする都度、部下から録音していますといわれる例すらある。最近は、録音機器が小型化し、また、録音できる携帯電話機が多いので、職場における予告なしの録音は相当程度行わ

れていると思われる。

　それでは、企業としては、職場において従業員が会話等を録音することを禁止できるであろうか。職場において、ある従業員が会話等を私的に録音すると、様々な支障が生じると考えられる。本判決も、従業員が無断で職場で録音すると、他の従業員が自由な発言ができなくなり職場環境が悪化するとか、営業上の秘密が漏洩する危険が大きくなるなどの実害があると述べている。

　企業の職場は、従業員たちが職務を遂行する場所であり、ある従業員が職場で録音すると、業務遂行の障害になり、また営業上の秘密が漏洩する危険も生じる。したがって、本判決が判示したとおり、企業は、労働契約上の指揮命令権と施設管理権に基づき、従業員に対し、職場での録音を禁止することができると考えられる。

　富士重工業事件（最三小判昭52・12・13）も、「企業は、この企業秩序を維持確保するため、これに必要な諸事項を規則をもって一般的に定め、あるいは具体的に労働者に指示、命令することができ（る）」と判断している。

❖ 実務上の留意点

　従業員が職場で録音すると言明し、あるいは録音していることが判明した場合は、企業は録音を禁止することができる。しかし、実際には、従業員が無断で録音していることも少なくない。そういう事態は十分あり得ると考えて対処すべきである。従業員がパワハラ、セクハラ等を主張する事案では、録音があると主張することも少なくない。企業は、録音があるのであれば聞かせてほしい、あるいは録音のコピーを提供してほしいと申し入れ、録音を聞くことができた場合は、その録音内容も踏まえて、どう対応するか検討する必要がある。

MEMO

懲戒処分公表の違法性（懲戒処分）

－国立大学法人Y大学事件－（東京地判平30・9・10）

弁護士　石井　妙子

［労経速 2368 号 3 頁］

会議を無断録音し懲戒、処分公表に違法性は？

学長選考会議の無断録音やデータ送信などで戒告処分を受けた教授が、学内ホームページに処分を公表され名誉毀損と訴えた。東京地裁は、処分を適法かつ有効としたうえで、不祥事の再発防止を目的に処分の周知が規定化され、本人の特定もないことなどを理由に請求を斥けた。仮に、本人と特定できたとしても、教授という公的立場にあり、内容も真実であるとして違法性を否定した。

戒告は有効で、処分の学内周知は、本人の特定もなく違法性なし

 事案の概要

医学部教授であるXは、Y大学の学長選考会議において、自己の推す者が次期学長候補者に選考されないことが決定された後、会議を正当な理由なく無断で退席し、また、学長選考に係る議事については非公開とする旨の取決めがあったにもかかわらず、選考会議の審議状況を無断で録音したうえ、その内容を記した文書を、電子メールで約80人の医学部の教授らに送信して公開したとして（その後、転送されて多数の者に公開されることとなった）、戒告処分を受けた。

Y大学は、本件懲戒処分を学内専用ホームページ等で公表し（以下「本件学内周知行為」）、Xは、名誉毀損の不法行為による損害賠償として、慰謝料160万円と遅延損害金および学内専用ホームページへの謝罪記事掲載（民法723条）を求めるとともに、違法無効な本件懲戒処分により勤勉手当が減額されたと主張して、不法行為による損害賠償として、差額相当額45万余円および遅延損害金の支払いを求めて提訴した。

なお、Y大学における「職員の懲戒処分の学外公表および学内周知に関する要領」（以下「学内周知等要領」）には、公表・周知の目的について、本学の運営の透明性を確保するとともに、職員

の服務に関する自覚を促し、同様の不祥事の再発防止を目的として行うとされ、また、原則としてすべての懲戒処分について学内周知を行うとされていた。

 判決のポイント

1　懲戒処分の効力

選考会議の途中退席行為は、就業規則に定める職務忠実遂行義務に違反する。また、審議状況を無断で録音し、その録音反訳文書を電子メールで約80人の医学部教授らに直接送信した…行為は、懲戒事由である「職務上知ることのできた秘密を他に漏らす行為」、「大学の業務に支障をきたすおそれのある行為」に該当する。

処分の量定につき、懲戒行為に至った動機、態様および結果、Xの職責および懲戒行為との関係、他の職員らに与える影響等に照らすと、戒告処分が重きに失するということはできず、…弁明の機会を与えた上で行われたものであり、手続にも違法な点は認められない。…本件懲戒処分は適法かつ有効である。

2　名誉毀損の不法行為

学内周知等要領の規定に基づき本件学内周知行為が行われたこと、…被懲戒者がXであることを直接特定するような記載がないことが認められ…、本件学内周知行為は、Xの社会的評価を低下させるものではなく、…名誉毀損行為に該当しない。

仮に、…被懲戒者がXであると認識することが可能であり、Xの社会的評価が低下するおそれがあるとしても、本件学内周知行為は、…公的立場にあったXに対する懲戒処分についてされたものであり、公共の利害に関するものであると認められること、B学長の再選に反対した報復や見せしめなどの不当な動機をうかがわせるような事情も認め難く、…学内周知等要領に基づき、大学運営の透明性を確保するとともに、職員の服務に関する自覚を促し、同様の不祥事の再発防止を目的としてされたものであって、専ら公益を図る目的で行われたものと認められること、本件懲戒処分は適法かつ有効であり、…内容も真実に基づくものと認められることから…、違法性が阻却される。

本件学内周知行為による違法な名誉毀損は認められず、Xの慰謝料請求お

よび謝罪記事掲載請求はいずれも理由がない。

3　期末手当の差額請求

　本件懲戒処分は適法かつ有効であり、これが違法無効であることを前提とするXの差額請求は理由がない。

 応用と見直し

　再発防止や意識啓発の目的で、懲戒処分を公表する企業は多いが、懲戒処分を受けたことは本人にとって公開されたくない情報であり、社会的評価にも影響するため、プライバシー侵害や名誉毀損のトラブルにつながるおそれがある。慰謝料の請求や謝罪広告の要求のほか、再就職が困難になったことを理由に損害賠償請求がなされるといったこともある。

　まず、懲戒処分自体が、事実無根や懲戒権濫用で無効とされるようなケースでは、処分の公表は原則、名誉毀損等の不法行為とされることになろう。処分が無効とされる状況・理由は様ざまであるから、処分の効力と、名誉毀損等に関する故意・過失がただちにリンクするとはいえないが、一般的には間違った処分を公表すれば、過失による名誉侵害ありとされることになる

（東京地判平20・12・5、東京地判平25・6・6）。処分自体が有効であることが重要である。上記の平成25年の東京地判も、高裁では懲戒処分自体相当とされ、公表も違法ではないとされた（東京高判平26・2・12）。本件判例でも、処分が適法・有効であることが名誉毀損の違法性阻却の理由のひとつとされている。

　もっとも、懲戒事由該当行為があり、処分が有効であったとしても、むやみに公表して構わないということではなく、やはり公表の目的や態様が問題となる（組合との対立を背景に、行き過ぎた表現等があり違法とされた例として東京地判昭52・12・19）。結局、個別の事情に基づく判断となるが、公表の趣旨・目的、公表範囲（社内にとどまるかどうか）、公表事項の範囲、具体的事案に応じた配慮の有無がポイントである。

　民間企業では、本件のような「公益を図る目的」は難しいが、再発防止・意識啓発目的で、それに必要な範囲の情報を公表し、かつ取引先等にまで開示するのでなく社内公表にとどまるのであれば違法とされるおそれは少ないといえる。公表事項の範囲について、再発防止という観点からは、懲戒対象行為と、これに対する処分の量定につ

いては公表の必要性があるが、検討を要するのは、個人名である。本件判例や、前記東京高裁裁判例は、個人の特定がないことを名誉毀損に該当しない理由のひとつとしている。時代の流れとしては匿名化の方向と思われるが、個人名を公表した方が、心理的抑止効果が大きいとして、公表を続けている企業も多く、今ただちに、違法とされることはないと思われる。

また、個別事案に応じた配慮も必要である。職場における問題行動ではなく、私生活上の不祥事を理由とする処分の場合にはプライバシーの領域にさらに踏み込むことになるので、慎重を要する。さらに、セクハラでは、被害者のプライバシーや、職場環境調整に配慮する必要があり、公表自体控えるべき場合も多いと考える。

MEMO

地方公務員の停職処分の妥当性（懲戒処分）

－停職処分取消請求事件－（最三小判平 30・11・6）

弁護士　中町　誠

［最高裁 WEB］

勤務中に女性店員の手触る、停職半年重すぎ!?

勤務中にコンビニ店員の手や腕を触り停職6カ月とされた市職員が、処分取消しを求めた事案の上告審。店員は終始笑顔で渋々同意し、処分を重すぎるとした原審に対し最高裁は、無抵抗でもトラブルを避けるためで、同意と評価することは相当ではないと判断。職員の不適切な言動で同店を辞めた者がいたことも軽視できないとした。報道され社会的影響も小さくなく懲戒権濫用とはいえない。

セクハラ行為の同意認めず、懲戒権濫用でない

 事案の概要

　普通地方公共団体である上告人の男性職員である被上告人は、勤務時間中に訪れた店舗においてその女性従業員に対してわいせつな行為等をしたことを理由に、停職6月の懲戒処分（以下「本件処分」という）を受けた。本件は、被上告人が本件処分は重きに失するものとして違法であるなどと主張して、上告人を相手に、その取消しを求める事案である。

　非違行為の内容は、処分説明書によると「あなたは、平成26年9月30日に勤務時間中に立ち寄ったコンビニエンスストアにおいて、そこで働く女性従業員の手を握って店内を歩行し、当該従業員の手を自らの下半身に接触させようとする行動をとった」「また、以前より当該コンビニエンスストアの店内において、そこで働く従業員らを不快に思わせる不適切な言動を行っていた」というものである。

　原審（大阪高判平29・4・26）は、上記行為は以前からの顔見知りに対する行為であり、本件従業員は手や腕を絡められるという身体的接触をされながら終始笑顔で行動しており、これについて渋々ながらも同意していたと認められる。迷惑防止条例に違反する犯罪行為であるが、被害者および店舗のオーナーに処罰意思もない、常習とし

て同様の行為をしていたとまでは認められず、被上告人は過去に懲戒処分を受けたこともないなどとして、停職6月とした本件処分は重きに失するものとして違法とした。

 判決のポイント

被上告人と本件従業員はコンビニエンスストアの客と店員の関係にすぎないから、本件従業員が終始笑顔で行動し、被上告人による身体的接触に抵抗を示さなかったとしても、それは、客との間のトラブルを避けるためのものであったとみる余地があり、身体的接触についての同意があったとして、これを被上告人に有利に評価することは相当でない。

本件従業員および本件店舗のオーナーが被上告人の処罰を望まないとしても、それは、事情聴取の負担や本件店舗の営業への悪影響等を懸念したことによるものとも解される。さらに、被上告人が以前から本件店舗の従業員らを不快に思わせる不適切な言動をしており、これを理由の一つとして退職した女性従業員もいたことは、本件処分の量定を決定するに当たり軽視することができない…。そして、勤務時間中に制服を着用してされたものである

上、複数の新聞で報道され、上告人において記者会見も行われたことからすると、…住民の信頼が大きく損なわれたというべきであり、社会に与えた影響は決して小さいものということはできない。

そして、市長は、本件（懲戒処分の）指針…を総合的に考慮して、停職6月とする本件処分を選択する判断をしたものと解されるところ、本件処分は、懲戒処分の種類としては停職で、最も重い免職に次ぐものであり、停職の期間が本件条例において上限とされる6月であって、被上告人が過去に懲戒処分を受けたことがないこと等からすれば、相当に重い処分であることは否定できない。しかし、本件行為が、客と店員の関係にあって拒絶が困難であることに乗じて行われた厳しく非難されるべき行為であって、…住民の信頼を大きく損なうものであり、また、被上告人が以前から同じ店舗で不適切な言動を行っていたなどの事情に照らせば、本件処分が重きに失するものとして社会観念上著しく妥当を欠くものであるとまではいえず、…懲戒権者に与えられた裁量権の範囲を逸脱し、またはこれを濫用したものということはできない。

　本件は、職員の職場外での職員以外の者（本件では、コンビニの店員）に対するいわゆるセクハラ行為について、下級審と最高裁がその評価を異にし、最高裁が市の停職6月の処分を支持した注目すべき判決である。

　職場内のセクハラ行為について、加害者側から、被害者が明白な拒否の姿勢を示しておらず、同意があったまたはそのように誤信した等との主張がなされる場合がある。しかし、この点について既に最高裁平成27年2月26日判決（編注：海遊館事件）が、「職場におけるセクハラ行為については、被害者が内心でこれに著しい不快感や嫌悪感等を抱きながらも、職場の人間関係の悪化等を懸念して、加害者に対する抗議や抵抗ないし会社に対する被害の申告を差し控えたり躊躇したりすることが少なくないと考えられること」等に照らして、仮にそのような事情があったとしても、そのことをもって加害者に有利にしんしゃくすることは相当ではないと判断していた。

　本件は、職場外の者に対するセクハラ行為であるが、その場合も上記の判断に準じて、被害者側の拒否の姿勢や申告を「躊躇する事情」を考慮して判断すべきことを判示したものと思われる。そしてその説示によれば、「躊躇する事情」は、かなり広汎に認め得る（判示は、要するに被害者側に要らざる面倒を避けたいとの事情があれば「躊躇する事情」があると読めそうである）。

　換言すれば、職場外の者に対するセクハラ行為についても、被害者側の同意等があったとの抗弁は、よほど特別な事情でもない限り、採用されないことが明らかになったといえよう。

　企業において、懲戒処分を行うため、このような非違行為の事実関係を認定判断する場合も本件判決で示された判断手法に準じて行うべきであろう。

　本件では、結論として停職6月というかなり重い処分が肯定されているが、その理由としてはセクハラ行為の被害者側の評価もさることながら、過去に同店での不適切な言動があったこと、制服着用のうえ勤務時間中であったこと、本件が報道され記者会見を余儀なくされたことなども加味したうえでの判断であることに留意すべきである。民間の規定では、停職が出勤停止として規定されることが多いが（「懲戒休職」という規定例もある）、その期間については、法的な制限はないにもかかわらず、なぜか比較的短期間の

例が多い。実際の処分をする場合に、長期の出勤停止は不利益性が大きいのでその相当性について、慎重に判断する必要があるのは当然である。しかし、事案によっては懲戒解雇（あるいは諭旨解雇）までのレベルではないが、数日間の出勤停止では問責としては十分でない悪質な非違行為もあり得る。したがって懲戒規定としては、上限の期間を相当程度長く設定することも一考に値しよう。

MEMO

長期間有期契約の教諭の雇止め（雇止め）

－公財東京横浜独逸学園事件－（横浜地判平 29・11・28）

弁護士　岡芹　健夫　　　　　　　　　　　　　　［労判 1184 号 21 頁］

19 年間有期契約の語学教諭が雇止め無効訴える

約 19 年間にわたり契約更新されてきた語学教諭が、雇止め無効を訴えた。横浜地裁は、更新手続きが形骸化していたとはいえないが、教員業務は基幹的な業務であり、勤続 20 年まで昇給があるなど長期の更新も想定されていたとして、更新期待は相当高度と判断。雇い止めには客観的合理的理由が必要であるとした上で当該事業では雇止め理由とされた数々の能力不足等は認められないとした。賞与も基本給から算出可能として支払いを命じている。

能力不足など認めず、賞与額も算出可能

 ### 事案の概要

Ｙ法人は、在外ドイツ学校たる学園（以下「本件学園」）を設置および維持している公益財団法人である。

本件学園は、ドイツ公認の在外ドイツ学校である。本件学園では、ドイツの教育制度にならって、幼稚科、初等科、中・高等科（以下「ギムナジウム」）等の制度を設け、ドイツ国内の学校の生徒と同様の学習内容が得られるようにし、アビトゥア（ドイツの教育システムにおける高等学校卒業、大学入学資格）等、ドイツで公認されている教育資格が取得できるようになってい

る。

Ｘは、平成 8 年 9 月 1 日に、同日から 1 年間の有期契約でＹ法人に雇用された後、平成 18 年 8 月 31 日まで 1 年間の雇用契約を 9 回更新し、さらに同年 9 月 1 日から平成 27 年 7 月 31 日まで 3 年間の雇用契約を更新し、Ａ語科教員として勤務を継続してきた。Ｘはギムナジウムの授業等を担当し、平成 22 年 8 月から平成 25 年 6 月 28 日まで、Ａ語科の主任を務めていた。

2011 ／ 12 年度のアビトゥア最終試験について、Ｘは第一試験官を担当したが、平成 23 年 11 月頃、試験問題および評価基準を作成したところ、

ドイツ文科省より、良と可の基準が明確でないこと等を指摘され、修正を指示された。Xは前任者から、複数の問いに対して一つのまとまった文章で答えさせる形式（以下「本件解答形式」）を引き継ぎ、採用していたが、その指示には本件解答形式に関するものはなかった。

　本件学園の学園長は、平成25年5月28日に実施された高等科アビトゥア課程の定期試験の問題について、本件解答形式を採ることが、学園長からの再三の指示、ドイツ文科省試験官からの指示、学科担当試験官からの書面による指示に反しているとして、本件学園での高等科の授業を禁じ、XをA語科主任の役職から解任した。

　平成26年2月24日、Xの後任のA語科主任は、Xの2013／14年度の年間指導計画書および試験問題について、試験の問題で測ろうとしている力が不明確であるとして、Xに対し、生徒に身に着けさせたい力、試験問題で測ろうとしている力を明確にした年間指導報告書を作成するように指導した。その後、同主任は、Xより報告書を受領したが、同報告書は狙いや到達目標が明らかではないとして、学園長に対し、XについてA語のチームのなかでやっていくのは難しいと伝えた。

　平成27年1〜7月にかけて、計6回、Xは労働契約の更新に関してY法人の理事と面談し、和解案を提示されたが、退職を拒否したため、合意は成立せず、同年7月31日、XとY法人の労働契約は期間満了により終了した（以下「本件雇止め」）。

 判決のポイント

　Xは、約19年間にわたりYと…合計12回の契約更新を行った。…更新の手続が形骸化していたとまではいえない。本件において、期間の定めのない労働契約を終了させることと社会通念上同視できるとまでは…認められない。しかしながら、…Xにおいて、…労働契約が更新されるものと期待することについて合理的な理由があるものと認められ、しかも、その期待は相当高度なものであったと認められる。…本件雇止めについては労働契約法19条2号が適用される。

　Y法人の主張するXの雇止めの事由（(a) 実際に使用した評価基準と異なる評価基準をドイツ文科省の試験監督官に提出した。(b) Xがアビトゥア試験規定に従った問題および評価基準の作成ができなかったことから、ドイツ文科省から本件学園のA語科についてア

ビトゥアを取得できる課程であること
の公認を取り消されかねない事態を起
こし、それが繰り返される十分な可能
性があった。(c) Y法人の教育体制に
組み込めないおよび担当させられる授
業科目がない。(d) 教科書の無断販売。
(e) 十分な雇止め回避努力を講じてい
る）のうち、(a)、(b)、(c) は事実関係
が認められない。(d) 販売についての
事前許可や事後の手続等に関する注意
指導を行ったと認めるに足りる証拠は
ないこと、(e) 退職を前提として交渉
をしたという事実を以て、本件雇止め
に合理的理由があるとはいえない。

　本件雇止めには、客観的合理的理由
があるということはできず、社会通念
上相当とは認められないから、本件雇
止めは無効である。

　Xに認められる賃金請求権について
は、…労働契約においては、（学園長
が決定する）コマ数によって賃金が支
払われることになっており、少なくと
も平成20年以降は週17コマ以上を
担当していたこと…からすれば、17
コマを担当していた前年度の金額と同
額…と認めるのが相当である。賞与に
ついては、Yにおける特段の決定等が
必要とされておらず、金額の計算根拠
が示され、機械的に算出可能なもので
あること、…基本給は平成27年と同

一額が相当と認められることからする
と、少なくとも同年と同額の賞与支払
請求権については具体的な権利性があ
る。

応用と見直し

　本件の中心的争点は、本件雇止めに
客観的な理由があり、社会的に相当と
いえるか否か（労契法19条2号）で
ある。

　本件Y法人は、Xに対して複数の雇
止め事由を有していたが、そのかなり
の部分の事実関係が認められない（裏
付ける証拠がない）という認定に終
わっており、その認定自体は判決を一
読してもやむを得ない部分があるよう
に読める。そのうえ、本件雇止めの事
由は、試験問題とその評価基準という
専門性が高いものであること、ドイツ
文科省とのやりとり等も含むことによ
り、かなり複雑である。

　となれば、通常の解雇や雇止めの事
案以上に、Y法人が問題点を認識した
時点で、Xに対しなるべく平易な（そ
れこそ第三者の目を意識する観点も入
れて）、Xの問題点を具体的に指摘し
た指導書や注意書を交付することで実
効的な指導をすると共に、万一、Xが
指導に従わなかった場合は、こうした

裁判段階における裏付けを積み重ねていくしかなかったのではないか、と思われる。

　このような、労働者側にはっきりとした大きな非違行為がなく、能力的な問題が中心となった解雇、雇止め事案は、労働者のどのような行為が、どのような能力の不足を示すものなのか、第三者には容易に分からない場合がある（本件のような、専門性の高い業務の場合、とくにそうである）。労務管理としては、いざという場合の裏付けの資料（それもなるべく平易な内容にしたもの）を用意していくことが肝要ということとなろう。

MEMO

定年後再雇用者の雇止め（雇止め）

−エボニック・ジャパン事件−（東京地判平 30・6・12）

弁護士　石井　妙子　　　　　　　　　　　　［労経速 2362 号 20 頁］

考課が「普通の水準」満たさないと 61 歳を雇止め

　定年から 1 年後に再雇用の基準を満たさず雇止めされたため、地位確認やバックペイを求めた。東京地裁は、3 年間の人事考課結果が「普通以上の水準」とは、会社主張の「平均以上」ではなく、高年法の趣旨から大半が達成し得る「平凡な成績」と判断。3 年を通じた評価で考えるのが合理的とした。65 歳までの継続期待を認めたうえで、年間賞与の未払分の支払いも命じた。

「平凡な成績」なら基準充足とし、65 歳までの雇用期待を認容

事案の概要

　Xは、平成 27 年 3 月 31 日、60 歳の定年により退職し、4 月から雇用期間を 1 年間として再雇用された。1 年後、Y社は、「定年退職後の再雇用制度対象者の基準に関する労使協定」の対象者基準（以下「本件再雇用基準」）のうち「過去 3 年間の人事考課結果が普通の水準以上であること」（以下「本件人事考課基準」）は、全従業員の平均点以上か、少なくとも評価点数 3 点以上であることを意味するところ、この要件が充足されていないとして、契約を更新しなかった。

　Xは、評価は不当で、実際には基準を充足し、労働契約法 19 条 2 号により、同一の労働条件で契約が更新されたとみなされること、業績賞与の査定等に誤りがあることなどを主張して、Y社に対し、労働契約上の権利を有する地位にあることの確認を求めるとともに、本件雇止め以降のバックペイ並びに前期業績賞与の未払分の支払いを求めて提訴した。

判決のポイント

1　本件人事評価基準の充足の有無

　「普通の水準」という用語は、特に

良いとも悪いともいえないような大半の従業員が達成し得る平凡な成績を広く含む趣旨で使用され得るもので、Y社の主張は、用語の一般的な意味から外れるものである。

また、本件労使協定の交渉段階において検討された「グッドパフォーマンス」という基準ですら、…評価値（5点満点）が4点以上であるなどの高い水準を意味していたとは考えがたいところ、これよりも低い「普通の水準（オーディナリーパフォーマンス）」が基準とされたものであるし、本件労使協定が締結された当時、社内において、平均点以上ないし3点以上が必要である旨の説明がなされたことを窺わせる形跡もない。

以上に加え、再雇用制度は、高年法上の高年齢者雇用確保措置の1つである継続雇用制度として設けられたものであることを踏まえると、…「普通の水準」は、大半の従業員が達成し得る平凡な成績を広く含む趣旨と解すべきであるし、…3年連続ではなく、過去3年間を通じて評価した場合に「普通の水準」以上であれば足りるという趣旨と理解するのが合理的である。

このような観点からXの評価値を検討すると、平成25年は平均を上回り、翌年の2.5点（平均を下回る）は、…

2点と3点の中間値であって低い点数とはいえず、翌々年の2.64点（平均を下回る）は…3点に近い値であって低い点数とはいえず、…3年間を通じた評価値（百分率）の平均は約97.8％となり、100％に近いことに鑑みれば、…本件人事考課基準を充足すると認められる。

2　労働契約法19条2号の適用の有無

本件再雇用契約を締結したXについては、同契約が65歳まで継続すると期待することについて、就業規則および本件労使協定の趣旨に基づく合理的な理由があるものと認められる。…Xは、本件人事考課基準を含む本件再雇用基準に含まれる全ての要素を充足していたから、本件雇止めは、客観的に合理的な理由を欠き、社会通念上相当とは認められないものといえ、労働契約法19条2号により、同一の労働条件で本件再雇用契約が更新されたものと認められる。

高年法それ自体が私法的効力を有していないとしても、高年法の趣旨に沿って設けられた就業規則および本件労使協定が私法的効力を有することは明らかであり、これらの解釈に当たり高年法の趣旨が参照されることに支障

があるとはいえない。また、労契法19条は適用対象となる有期雇用契約の類型等を特に限定していない。

更新後の労働条件について、労働契約法19条2号の要件を充足する以上は、本件再雇用契約の内容である労働条件と同一の労働条件で同契約が更新されるという効果が生じることは否定し得ない。

3　未払賞与請求について

会社の人事考課結果（評価値）は不当ではないが、平成27年分の業績賞与のうち個人業績分の支給がなされていないところ、評価値（88.15％）を用いて算定した額の支給を命じ、平成28年分については、雇止め後は現実に稼働しておらず、人事考課の結果も存在しないとして、Xの雇止め前の3月までの91日分の支給を命じた。

 応用と見直し

高年齢者雇用安定法9条は、事業主に定年の引上げ、定年廃止、継続雇用制度の導入のいずれかの高年齢者雇用確保措置を講じることを義務付けているが、この義務は、国に対する事業主の義務を定めたにとどまり、高年法自体が、直接、使用者と労働者の間の権利義務関係を律するものではない（NTT西日本事件＝大阪高判平21・11・27、ＮＴＴ東日本事件＝東京高判平22・12・22）。

もっとも、多くの企業は65歳までの何らかの雇用確保措置を導入し、就業規則等に制度を定めている。定めた以上は使用者もこれに拘束されることになるから、再雇用拒否や、本件のような再雇用後の更新拒否は、当該企業の就業規則や労使協定の解釈・適用という形で争われることになる。

その解釈・適用に際しては、裁判所として、高年法の趣旨・目的も考慮することになるが、これが立法当初から変化してきている。上の2判例の頃には、高年法の規定が「希望者全員」ではなかったこともあり、法の要請は、企業にできる範囲で雇用を確保するということであるとの観点から、制度設計には、企業に広い裁量があるというスタンスであった。しかし、平成24年改正法で、原則として希望者全員を65歳まで継続雇用する制度が義務付けられたことから、判断軸が変わってきたようである。

たとえば、雇止めの問題ではないが、再雇用後の担当職務や労働条件に、定年前との継続性を求める裁判例があり、制度内容へ介入してきている（ト

ヨタ事件＝名古屋高判平 28・9・28、九州惣菜事件＝福岡高判平 29・9・7）。

本件判決も、高年法上の継続雇用措置であることを踏まえると、平均以上といった対象者基準を定めた趣旨とは解し難いとし、かなり強引に評価点を検討しなおして、「過去3年、普通の水準以上」と結論している。本件労使協定の締結が平成18年であることに照らすと、当時としては対象者を絞り込む趣旨ではなかったのかと疑問も生じるが、65歳までの定年延長がいわれるようになった状況で、雇用や処遇内容について「65歳までの継続」を重視する傾向は今後も続く可能性がある。

MEMO

育休復帰者の正社員への復帰の可否（雇止め）

－ジャパンビジネスラボ事件－（東京地判平 30・9・11）

弁護士　岡芹　健夫　　　　　　　　　　　　［労判 1195 号 28 頁］

保育園決まったが正社員に復帰できず地位確認

　育休後に契約社員にさせられ雇止めされたのは違法として、正社員の地位確認などを求めた。東京地裁は、保育園が決まらない中で労働契約を継続するには週3日勤務になる必要があり、契約変更の合意を有効と判断。会社は協議なしに戻れないと説明していた。一方、期間満了の雇止めに合理的理由はなく、面談で復帰時期や条件を示さないなど会社の不誠実な態度に慰謝料を命じた。

契約変更の合意は有効だが雇止めには合理的理由なし

 ### 事案の概要

　Y社は、大学生や社会人を対象とした英語および中国語のコーチングスクール等の運営を主たる事業とする株式会社である。

　Xは、平成20年7月、Y社との間で無期労働契約を締結し、平成25年3月2日に子を出産したが、子のための保育園が決まらなかったこともあり、育児休業期間が6カ月延長された。

　育児休業期間終了日である平成26年9月1日、XとY社は、期間1年、1週間3日勤務の契約社員となる有期労働契約を内容とする雇用契約書を取り交わした（以下「本件合意」）。それ

に先立つ同年2月22日、Y社代表者はXに、育児休業終了後の復職時の就業形態が記載された書面を交付した。同書面には補足説明において、「契約社員は、本人が希望する場合は、正社員への契約再変更が前提です」、「時短勤務または契約社員が正社員（フルタイム）に復帰する時は、正社員時に期待されていた役割に戻すことを前提とします」と記載されていた。

　平成26年9月2日に、本件契約社員契約に基づきXは復職したが、同月9日に保育園が見つかったとして、Y社に対し、正社員に戻すように求めたところ、Y社はこれに応じなかった。

　平成27年10月22日、XがY社

に対し、(ア) 本件合意によっても、本件正社員契約は解約されていないこと、(イ) 仮に本件合意により本件正社員契約が解約されていたとしても、本件合意は均等法または育介法に違反する、Xの自由な意思に基づかない、Xの錯誤に当たるなどの理由により無効であること、(ウ) 仮に本件合意により本件正社員契約が解約されたとしても、Xが希望すれば正社員に戻れるとの停止条件付無期労働契約を締結していたと主張して、正社員の地位の確認と平成 26 年 10 月～ 27 年 8 月分までの未払い賃金等の支払いを求め、(エ) 仮に、正社員としての地位が認められないとしても、本件契約社員に基づく地位を有する地位にあることの確認と平成 27 年 10 月以降の未払い賃金等の支払いを求め、(オ) Y 社がXを契約社員にしたうえで正社員に戻すことを拒んだこと等は違法として慰謝料 300 万円等の支払いを求めた。

　本件判決は、本件契約社員契約に基づく地位とその契約による未払い賃金等の請求と、Y 社の交渉姿勢等を違法として慰謝料請求の一部（100 万円）を認容したが、本件正社員契約に基づく地位等の請求は退けた。

 判決のポイント

　ア　本件正社員契約と本件契約社員契約とは、契約期間の有無、勤務日数、所定労働時間、賃金の構成のいずれもが相違する。…担当業務にも相当の違いがある。…本件合意は、本件正社員契約を解約するとともに、これと別途の契約である本件契約社員契約を締結する合意であると解するのが相当である。

　イ　本件合意時において、Xが…保育園が早期に決まるめどが立っていたとの事実は認められない。…本件契約社員契約を締結したことは、Xにとって、労働契約上の地位を維持するために必要であり、…本件合意は、その当時のXの状況に照らせば、必ずしも直ちにXに不利益な合意とまではいえず、…Xの真意によらないY社の強要によるものとは認められ…ない。

　ウ　Xは、育児休業終了日…、…Y社から委任を受けた社労士から、…Xが希望したからといって直ちにY社との間での協議を経ずに正社員に戻れるものではないことを説明された上で、本件雇用契約書に署名して本件合意をしたものである。Xの自由な意思決定により成立したものと認められ、錯誤により無効であるとは認められない。

エ　Y社において、正社員には所定労働時間7時間の正社員とこれを短縮した正社員（編注：6、5、4時間の3種類）…がある。Xが正社員への復帰を希望した場合に…どの労働条件による契約であるのか…特定されていない。本件合意において、XとY社が停止条件付無期労働契約を締結したと…は認められない。

オ　Y社が本件契約社員契約の更新を拒絶する客観的に合理的な理由に当たり得る事実は、(1)…Y社代表者の同意を得ず一方的に録音…し、退出を命じたY社代表者の指示に従わず…、(2)就業時間中に…業務外の電子メールの送受信をしたことの2点にとどまる。本件雇止めは、客観的に合理的な理由を欠く。

カ　Y社に対し、…正社員に復帰することを希望してその旨申し出た時点で、XとY社は、Y社において労働者が希望する場合の「前提」と標榜する「正社員への契約再変更」に向けた準備段階に入ったというべきである。…交渉に入った者同士の間では、誠実に交渉を続行し、一定の場合には重要な情報を相手方に提供する信義則上の義務を負い、この義務に違反した場合は、…不法行為に基づく損害賠償責任を負う…。…Y社は、その考えや方針の下

にXの考えを曲げるように迫り、これを改めないことを捉えて強引な業務改善指導を行う、中核的業務（コーチ業務）を奪う、Xの姿勢を批判・糾弾するといった姿勢に終始したことに照らせば、…慰謝料の金額としては、100万円が相当である。

 応用と見直し

　本件は、本件合意について、Xの真意による合意があったといえるか否かが最大の焦点であったと思われる。使用者からの提案に対する労働者の合意については、形式的に合意が存在しているだけでは合意の効力が認められず、当該労働者につき自由な意思に基づいて合意したものと認めるに足りる合理的な理由が客観的に存在するときに、合意の効力が認められることは少なくない（同じく、育児休業後の復帰者の降格の事案について最一小判平26・10・23）。本件では、本件合意につき、上記にいう合理的な理由が認められるか否かが問題となったのだが、本件判決は、「判決のポイント」イにあるように、本件合意による本件契約社員契約の締結は、Xに有利ともいえたことが、本件合意の効力が認められた理由とされている。

もっとも、本件判決によれば、本件契約社員の契約更新拒否に至るＹ社の行為は、Ｙ社の主張をＸが受け入れずＸが正社員に戻す申し出を継続したことをもって雇用関係の継続を拒んだとされるものであって、仮に、Ｘの側が自らの主張に固執したところがあるとみえたとしても、使用者たるＹ社としては、それが労働者が自らの権利を主張するというものである以上、業務への支障、リスクなくして、上述のような行為をとるのは適切でないことはもちろんである。

MEMO

65歳更新上限の有効性（雇止め）

－日本郵便（更新上限）事件－（最二小判平 30・9・14）

弁護士　緒方　彰人　　　　　　　　　　　　　　　　　　　　　　　　　　　［最高裁 WEB］

更新年齢に上限、雇止め法理の適用なく終了？

　65 歳更新上限の導入により雇止めされた 9 人が、雇用継続を求めた。年齢上限は雇止めとは別の契約終了事由として、就業規則の不利益変更に準じて、上限の必要性と合理性を認めた原審に対し、最高裁は雇止め法理に当てはめ、実質無期といえず更新期待も生じないとした。事業規模から加齢の影響や程度を各人でなく、年齢で一律に判断することも相応の合理性があるとした。

実質無期や継続期待を否定、年齢で一律判断に合理性あり

事案の概要

　郵政民営化前の郵政事業は、特殊法人である日本郵政公社（以下「旧公社」という）が実施していたが、郵政民営化に伴い、郵便事業株式会社（以下「郵便事業社」という）や郵便局株式会社（以下「郵便局社」という）などが、旧公社の業務等を承継し、旧公社は、平成 19 年 10 月 1 日をもって解散した。その後、平成 24 年 10 月、郵便事業社と郵便局社との合併により設立されたのが被上告人である。

　上告人らは、1 人を除き、旧公社の非常勤職員であったが、平成 19 年 9 月 30 日が最終の予定雇用期間の満了日とされており、同日、旧公社を退職し、翌 10 月 1 日（1 人は平成 21 年 1 月 20 日）、被上告人と有期労働契約を締結して、時給制の期間雇用社員として、郵便物の集配等の郵便関連業務に従事した。

　旧公社の非常勤職員については、一定の年齢に達した場合に以後の任用を行わない旨の定めはなかったが、被上告人の期間雇用社員就業規則には、満 65 歳に達した日以後、契約更新を行わない旨（以下「本件上限条項」という）が規定されていた。

　上告人らは、被上告人において、6 回～9 回契約更新されてきたが、満 65 歳に達した日以後、最初に到来す

る雇用契約期間の満了の日をもって雇
止めされた。

　そこで、上告人らは、雇止めの無効
を理由に訴訟提起した。原審（東京高
判平28・10・5）は、上告人らの請
求を棄却したため、上告人らが、上告
した。

判決のポイント

　①高齢の期間雇用社員について、屋
外業務等に対する適性が加齢により逓
減し得ることを前提に、その雇用管理
の方法を定めることが不合理であると
いうことはできず、被上告人の事業規
模等に照らしても…更新の可否を個別
に判断するのではなく、一定の年齢に
達した場合には契約を更新しない旨を
あらかじめ就業規則に定めておくこと
には相応の合理性がある。…本件上限
条項の内容は、高年法に抵触するもの
ではな（く）…労働契約法7条にいう
合理的な労働条件を定めるものであ
る。…労働者に周知させる手続がとら
れ…本件各有期労働契約の内容になっ
ていた。

　②被上告人は、郵政民営化法に基づ
き設立された株式会社であって…旧公
社とは法的性格… を異にする。…本
件上限条項を定めたことにより旧公社

当時の労働条件を変更したものという
ことはできない。

　③本件各雇止めの時点において、い
ずれも満65歳に達していたのである
から…期間満了によって終了すること
が予定されたものであった。…上告人
らと被上告人との間の各有期労働契約
は、本件各雇止めの時点において、実
質的に無期労働契約と同視し得る状態
にあったということはできない。…本
件各雇止めは適法であり、本件各有期
労働契約は期間満了によって終了し
た。…上告人らが本件各有期労働契約
の期間満了時において満65歳に達し
ていることは、本件各雇止めの理由に
すぎず、本件各有期労働契約の独立の
終了事由には当たらない。

応用と見直し

　①本件上限条項は、更新上限を年齢
で定めたものである。有期契約社員に
ついて更新上限を定めることは許容さ
れるが（たとえば、北海道大学事件＝
札幌高判平26・2・20）、本件は、上
限を年齢を基準に定めることの当否が
問題となった。正社員（無期契約）の
定年制は、年功処遇を基本とする長期
雇用システムにおいて、加齢に伴い労
働能力は逓減するものの、給与は逓増

することから、人事の刷新・経営の改善等、企業の組織および運営の適正化を図るための制度として合理性が認められている（秋北バス事件＝最大判昭43・12・25）。かかる事情は、有期契約社員には当てはまらないが、本判決が述べるとおり、加齢に伴う適性逓減、雇止めに伴う紛争リスク回避、高年法の内容等に照らせば、本件上限条項の合理性は肯認し得るものである。

②また本件上限条項は、旧公社勤務時にはなかったことから、被上告人が本件上限条項を定めたことが、労働条件の変更に当たり、就業規則の不利益変更（労契法10条）の問題として合理性判断をすべきかということが問題となった。本判決は、旧公社と被上告人の法的性格の違い、勤務時における上告人らの法的地位の違いなどから、旧公社勤務時の労働条件が被上告人に承継されないとして、本件上限条項について、労契法10条ではなく、労契法7条の合理性の問題として判断した。旧公社の非常勤職員は、公法上の任用関係に基づくものであるが、公法上の任用関係に基づく非常勤職員については、更新の合理的期待等は認められない（情報・システム研究機構事件＝東京高判平18・12・13）。すなわち、もともと予定雇用期間を超えた更新の

合理的期待が認められない以上、仮に旧公社勤務時の労働条件が承継されたとしても、本件上限条項を定めたことが、労働条件を不利益に変更したものとはいえないと思われる。

③さらに本件では、本件上限条項に基づく雇止めについて、雇止め法理に基づき有効性が判断されるのか、それとも別の雇用契約上の終了原因によるものとして判断されるのかということが問題となった。原審は、後者の立場に立ったが、本判決は、「本件各雇止めの時点において」、実質無期契約と同視し得る状態にあったということはできず、本件各雇止めを有効としたうえで、満65歳に達していることは、本件各雇止めの理由にすぎず、本件各有期労働契約の独立の終了事由には当たらないとした。雇止め法理は、（ⅰ）解雇権濫用法理の類推適用が認められるか否かという審査と、（ⅱ）（ⅰ）が認められた場合に、解雇権濫用法理の類推適用によって、当該雇止めの効力を審査するという2段階の審査により、雇止めの有効性を判断する法理である。（ⅰ）の審査は、当該雇止めについて、（ⅱ）の解雇権濫用法理の類推適用が認められるか否かの審査であるから、本判決のように、期間満了時（雇止め時）を基準時として審査す

ることが相当と思われる。そして、本件のように、契約当初より、更新上限が定められていた場合、更新上限を超えて更新の合理的期待が生ずることはないから（前掲北海道大学事件など）、（ⅰ）が認められず、解雇権濫用法理が類推適用されることはないから、契約期間満了を理由に契約終了となる。このように、本件上限条項に基づく契約終了の有効性は、雇止め法理の審査のなかで判断し得るから、本件上限条項を原審のように雇止め法理とは別個の契約終了事由と解する必要はないと思われる。

MEMO

個人請負者の労働者性の判断（雇止め）

－ベルコ事件－（札幌地判平 30・9・28）

弁護士　岡芹　健夫

［労判 1188 号 5 頁］

営業代理店クビになり運営委託会社へ地位確認

　冠婚葬祭会社の営業代理店から雇止めされた従業員 2 人が、営業代理店に業務を委託していた会社本社に地位確認を求めた。店主は会社の「商業使用人」といえるか、本社に当該従業員 2 人の労働契約が帰属するかについて札幌地裁は、店主の勤務実態から労働者性は認められないと判断。店主は労務の遂行方法や時間、場所に裁量があることなどから使用人には当たらないとし、請求を斥けた。

発注元に労働契約帰属せず商業使用人を否定

事案の概要

　Y 社は、冠婚葬祭互助会員の募集および冠婚葬祭の請負等を主たる業務とする株式会社である。Y 社は、全国の個人事業主および法人との間で代理店契約および業務執行委託契約を締結し、Y 社の上記業務における営業等を行わせている。

　A は、平成 14 年 10 月、Y 社との間で Y 社の冠婚葬祭の互助会員募集業務や互助会入会契約の締約代理業務を受託する契約（以下「本件代理店契約」）および Y 社の運営する葬儀の役務提供に関する業務執行委託契約（以下「本件委託契約」）を締結した（本件両契

約は 1 年ごとに更新）。なお、契約が続いている間、A は Y 社から受託した業務を遂行する合同会社（以下「A 合同会社」）を設立し、その代表社員となっている（以下、A と A 合同会社を通して A という）。

　X1 は平成 21 年 4 月に、X2 は同 20 年 2 月に、各々、期間 1 年の有期労働契約を A との間で結び、葬儀の施行、Y 社が提供する冠婚葬祭の互助会契約の勧誘等の営業活動に従事してきた。

　Y 社は、同社より地域の代理店をとりまとめる第三者を通し、平成 26 年 11 月頃、A が赤字となっていることを理由に、その閉鎖を進め、これを受

けてＡは、平成27年1月、Ｙ社との間で、本件代理店契約および本件委託契約を解約した。

Ａと別にＹ社と代理店契約を締結していたＢは、同年2月頃、Ａに代わり、Ａが担当していた地域のＹ社の業務を引き継ぎ、Ａの従業員のうちX1、X2（以下「Xら」）以外の者との間でそれぞれ労働契約を締結したものの、Xらとは労働契約を締結しなかった。

Xらは、Ｙ社を使用者とする労働契約上の権利を有することの確認と、労働契約上の賃金の支払いを求めて、Ｙ社を提訴した。

本件における主要な争点は、Ｙ社とXらとの間に労働契約が成立していたか否かであり、その過程で、(a) ＡがＹ社の従業員の採用についてＹ社より委任を受けた商業使用人に過ぎなかったか、(b) XらとＹ社との間で黙示の労働契約が成立していたか否か、(c) Ａが代理商であるとＹ社が主張することが信義則違反ないし権利濫用となるか、である。

 判決のポイント

(a) 会社その他の使用人とは、その商人に従属し、使用されて労務を提供する者と解すべきであり、契約の形式

如何にかかわらず、実質的に使用されて労務を提供しているか否かによる。

Ｙ社は、…Ａに対し、営業すべき地域を限定し、…獲得すべき契約数その他の目標の設定、…従業員の研修や健康診断について指示伝達するのみならず、…従業員の新規採用の可否のほか、解雇について一般的な準則を設定し、担当すべき業務についても指示指導を行っており、…指示指導については、Ａの諾否の自由は相当に制約されていた…。また、Ａの業務を再委託することは許されておらず、代替性はほぼない。その一方で、Ｙ社…は、契約獲得の方法その他の具体的な営業方法はＡに指示伝達することはなかったし、…採用…はＡの裁量判断に委ねていた。また、Ａは、自己の計算によって業務を遂行し…、その報酬額は、労務それ自体と対応するものでなく、労務の成果と対応したものである…。したがって、…ＡがＹ社の使用人であるということはできない。

(b) Xらの勤務時間、勤務場所および勤務の具体的態様についての指揮命令は、葬儀場における一般的準則や葬儀施行の際の個別具体的な指示を除けば、ほぼＡが行っており、Xらは、これに基づいて労務を提供していた…。賃金の計算方法はＡが定めており、社

会保険料等の納付、所得税の源泉徴収といった労働者を使用する事業者が行うべき義務をＡ…が履行していた…。Ｘらとｙ社との間で、黙示の労働契約が成立したということはできない。

(c) Ｙ社が代理店主を意のままに支配し管理することができる地位にあったとは認めることはできない。（Ｙ社がＡに閉鎖および後任を探すよう求めたのは）Ａの経営状態が悪化していることを理由とするもので…、Ｘらの組合活動に対して不利益な取扱いをすることを目的としていたものとは認められない。Ｙ社においてＡが独立した人格を有する代理商であることを主張することが信義則違反ないし権利濫用であることをうかがわせる事情はない。

 応用と見直し

本件においては、形式的には、独立した事業主としてＸらと労働契約を締結したＡが、実態としても独立した事業主といえるか（実質的には、Ｙ社の指揮命令の下、Ｙ社の業務を行うべく、Ｙ社のためにＸらを雇用した存在か）、が問題となった。

他者より業務を受託する存在が、事業主であるか労働者に過ぎないかは、従来よりよく生ずる紛争であり、所謂、労基法上の労働者性という論点が問題となる。一般には、労働省（当時）による昭和60年労働基準法研究会報告の基準に沿って判断されており、本件判決もそれに沿って、業務の諾否の自由、業務遂行上の指揮監督関係の有無、代替性の有無、報酬の労務対償性といった諸点を検討して、Ａを独立した事業主と認定している（なお、代表的な裁判例としては、横浜南労基署長事件（最一小判平8・11・28）、藤沢労基署長事件（最一小判平19・6・28）等が存する）。もっとも、本件においても、ＡのＹ社からの指示指導についての諾否の自由は相当に制約的なものであったことを認定しており、本件に限らず上記要素の総合考慮は多分に予測が困難である。ただ、本件Ａは、自らが個人で業務を行う存在ではなく、自らは複数人を使用者（事業主）として雇用し、（赤字ではあったが）営利活動を行っていた企業体でもあったので、裁判所としても上記の認定に到達するのにさして苦労はしなかったのではないかと思われる。

実務的な経験でいえば、仕事を依頼されている者が、労働者ではなく事業主であると判断される場合は、独立して、利益とリスクをとって自らの判断で重要事項を決めつつ行っていると

か、高度に専門的であり、実際上、仕事を依頼した者による指示なり統制なりといった口出しが少ない、といったケースが多い（つまりは、独立性か裁量性。無論、例外もあるが）。なお、本稿では多くは触れないが、本件のような労基法上と、労組法上の労働者（これに該当すれば、労働者の所属する労働組合とは団体交渉義務が生ずる）の範囲は必ずしも一致しないことは、知識として押さえておくべきである。

MEMO

定年退職者の再雇用拒否（再雇用拒否）

－学校法人Ｙ学園事件－（名古屋地判令元・7・30）

弁護士　岩本　充史

［労経速 2392 号 3 頁］

教授に懲戒歴あり 65 歳定年後の再雇用拒否は？

元教授が譴責処分を理由に、65 歳定年後の再雇用を拒否されたのは無効として賃金支払等を求めた。規程では懲戒処分を受けた者を再雇用しない旨定められていた。名古屋地裁は、懲戒事由とされた情報漏えいは認められず処分無効としたうえで、雇止め法理を類推適用。過去、ほぼ全員が 68 歳の限度まで再雇用されており、給与規程に基づき定年時の俸給を適用し 3 年分の賃金支払いを命じる。

譴責処分は無効とし、68 歳までの継続期待認める

 事案の概要

　Ｘは、Ｙの設置するＹ大学の教授であり、平成 29 年 3 月 31 日をもって定年（65 歳）に達した。本件は、ＸがＹに対し、再雇用を希望する旨の意思表示をしていたのにＹがこれを拒否したのは正当な理由を欠き無効であり、再雇用契約が成立していると主張して、雇用契約上の権利を有する地位にあることの確認および同年 4 月以降毎月末日限り月額賃金 75 万 5040 円の支払等を求める事案である。

　Ｘは、昭和 27 年生まれの男性であり、昭和 63 年 4 月 1 日、Ｙから雇用された。平成 28 年 11 月 1 日時点に

おけるＸの雇用条件は、期間の定めなし、職種は教授、賃金は月額 75 万5040 円（うち俸給 63 万 700 円）であった。なお、Ｘは、平成 26 年 4 月1 日～ 28 年 3 月 31 日まで、Ｙ大学大学院人間文化研究科Ｂ専攻主任を併任していた。

　就業規則では、教育職員の定年について、大学院教授を満 70 歳、それ以外の者を満 65 歳と定めている。

　Ｙ大学職員規則では、大学院教授以外の教育職員の定年退職者を教育職員として再雇用でき、任期は、満 68 歳に達する年の学年度末を限度とし、とくに必要のある場合、満 70 歳に達する年の学年度末を限度とする旨定めて

いる。

　Y大学教育職員の再任用に関する規程では再任用の候補者となることができる教育職員につき、Y大学就業規則に基づく懲戒処分を受けた者については再任用しない旨定めている。

　さらにY大学給与規程では、Y大学職員規則13条1項により採用された職員の俸給は、その定年年齢に達した年度末の俸給号俸を固有号俸とし、昇給を行わない。ただし、担当する業務の程度により、適宜減額することがあるとしている。

　Yは、Xに対し、平成28年11月、懲戒処分として譴責処分（以下「本件処分」）をした。

　Xは平成28年9月、Yに対し定年後再雇用の希望を提出していたが、Yは本件処分を受けたことを理由として再雇用を拒否した。

　本件の主な争点は①Xに懲戒事由該当性があるか、②本件処分の相当性、③定年後再雇用の黙示の合意の有無または本件再雇用拒否が権利の濫用に当たるかであるが、③について紹介する。

判決のポイント

　労働者において定年時、定年後も再雇用契約を新たに締結することで雇用

が継続されるものと期待することについて合理的な理由があると認められる場合、使用者において再雇用基準を満たしていないものとして…定年により労働者の雇用が終了したものとすることは、他にこれをやむを得ないものとみるべき特段の事情がない限り、客観的に合理的な理由を欠き、社会通念上相当であると認められず、この場合、…定年後も就業規則等に定めのある再雇用規程に基づき再雇用されたのと同様の雇用関係が存続しているものとみるのが相当である（労働契約法19条2号類推適用、最一小判平24・11・29）。

　Y大学において、平成24年度から平成28年度まで、…再雇用を希望したXを除く43名全員が再雇用されていること、平成24年度から平成28年度まで、…再雇用を希望しなかった教授は3名であり、うち1名は懲戒処分を受けた者であること、平成25年度から平成28年度までをみると、再雇用された教員30名のうち、本人の希望により1年間の再雇用であった1名を除く29名全員が満68歳の属する年度末まで再雇用が継続されたことが認められること、…専攻主任という役職にあったことも加味すれば、本件処分がされた点を除いては、Xにおい

て、定年時、…満68歳の属する年度末まで雇用が継続すると期待することが合理的である…。

本件処分は、懲戒事由該当性すら欠き無効で…再任用規程…の欠格事由には当たらず、…他に…再雇用を不適当とする事情の主張・立証はない。

YによるXの再雇用の拒否は、客観的に合理的な理由を欠き、社会通念上相当であると認められないから、…定年後も再任用規程に基づき再雇用されたのと同様の雇用関係が存続しているものとみるのが相当である。

…Xの再雇用後の給与面での待遇については、原則として、定年年齢時の俸給63万700円は少なくとも支給され、雇用期間については、Xが満68歳に達する年の学年度末である令和2年3月31日までになるものと解される。

 **応用と見直し**

(1) 65歳定年と再雇用拒否

高年法（9条）は、事業主に対し、65歳までの雇用確保措置を義務付けており、継続雇用の拒否については、指針（平24厚労告560号）によれば客観的に合理的な理由と社会通念上の相当性が必要とされている。本件においてXは65歳で定年となり再雇用が拒否されたものであり、高年法9条が予定する事案ではないと解される。

しかし、このような事案であっても使用者が再雇用契約を締結しないことが権利の濫用と評価されることはあり得る。たとえば、教授会で再雇用を可と判断された場合に理事会がこれを否定したことがなく、再雇用がされていたなかで、65歳定年の者について教授会が再雇用を可としたにもかかわらず、再雇用しなかった事例（尚美学園事件＝東京地判平28・5・10）では、再雇用の拒否が権限濫用とされ、地位確認請求が認められているところである。

(2) 労契法19条2号の類推について

本件では津田電気計器事件最高裁判決を参照し、労働契約法19条2号の類推適用を行っている。しかし、津田電気計器事件は、60歳定年後に1年の嘱託雇用がなされ、その後の更新拒否の事案であるのに対し、本件はかかる有期雇用契約が締結されていないのであるから、労契法19条2号の類推適用の前提を欠くものと思われる。むしろ、端的に一般的な条項である労契

法3条5項を根拠とすることが適当であると解される。

(3) おわりに

そもそも定年後の再雇用は新たな労働契約の締結であり、使用者が労働者を再雇用するか否か自由に決定し得るのが原則である。しかし、再雇用制度の内容および運用等の実態から権利濫用法理の適用により、再雇用拒否が許されないとする判断がなされる傾向があることからすれば、65歳定年後の再雇用拒否についても慎重な判断が求められる。本件は、65歳定年後の再雇用拒否のケースで地位確認請求が認められた事例として実務上参考となるものである。

MEMO

腰痛欠勤者の普通解雇の有効性（解雇）

－三洋電機ほか事件－（大阪地判平 30・5・24）

弁護士　岩本　充史　　　　　　　　　　　　［労判 1189 号 106 頁］

腰痛などで約９年休む、外勤で復帰も欠勤状態に

腰痛に休職制度を利用できず解雇されたとして、地位確認を求めた。過去に腰痛などで３度休職し約９年間休んでいたもの。大阪地裁は、労働者は主治医への病状照会を拒否しつつ復職を求めていたとしたうえで、７日間の外勤で欠勤状態になるなど「業務に堪えられない時」の普通解雇を有効とした。腰痛の業務起因性は認められず、安全配慮義務違反等との主張も斥けた。

業務に堪えられず復職は無理、普通解雇は有効

 事案の概要

Y1 は、同社の従業員であった X を、本件解雇をしたところ、X が、Y1 に対し、本件解雇が無効であるとして、①雇用契約上の権利を有する地位にあることの確認、②本件解雇以降の賃金等の支払、③安全配慮義務違反に基づく損害賠償等をそれぞれ求めていた事案である。

Y1 は、家電製品の製造・販売等を目的とする株式会社である。

X は、平成 2 年 4 月から、期間の定めのない雇用契約を締結し、Y1 や在籍出向先等において就労していた者である。

X は、平成 12 年 4 月、自転車による通勤途上、自動車との接触事故により、頭部・胸部・腰部打撲、頸部捻挫、左肘・両膝打撲、右肩痛、外傷性頸椎・腰椎ヘルニアの傷害を負った。X は、同年 6 月 21 日から休職した（1 回目の休職）。X は、平成 13 年 12 月、労基署長から、症状固定と認定され、併合第 10 級との認定を受けた。

X は、平成 15 年 4 月、三洋ハートエコロジー（編注：Y1 の子会社、以下「エコロジー」）の人事部に復職し、パソコンによる文書作成、データ集計等の内勤業務に従事した。

X は、頸椎症、腰椎椎間板ヘルニアを理由に、平成 16 年 12 月から欠勤し、

平成18年1月、平成17年1月に遡って私傷病休職扱いとされた（2回目の休職）。

Xは、平成20年1月、エコロジーに復職し、データベース作成等の内勤業務に従事した。Xは、平成21年5月、進行直腸がんに罹患していることが判明し、同年8月から休職した（3回目の休職）。Xの復職に関し、平成24年6月、X、Y1およびエコロジーの三者面談が行われた。同年8月1日、XとB産業医との第1回目の面談が実施された。その後、同年9月25日までの間に、合計4回の産業医面談が行われた。X、Y1およびエコロジーは、同年10月、復職に関する面談を実施し、エコロジーに復職した（以下「本件復職」）。Xは、同年11月7日および9日、大阪事業所外での歩行を伴う活動を行った。Xは、同月13日の午後半日、有給休暇を取得した。以後、Xは、有給休暇を取得し、有給休暇を消化した後の同年12月17日以降は、欠勤扱いとなった（以下、同年11月14日以降の有給休暇取得および欠勤について、「本件欠勤等」）。

Y1は、平成25年1月21日、Xに対し、Xが就業規則の「精神または身体上の故障のため、業務に堪えられない時」に該当するとして、同月31日付けをもって解雇（普通解雇）する旨の意思表示（本件解雇）をするとともに、解雇予告手当として、平均賃金の30日分を支払った。

本件において争点は多岐にわたるが、Xは、私傷病休職制度を有するY1においては、まずは休職措置を講じて様子をみるべきであったにもかかわらず、これを講ずることなく本件解雇を行ったことが解雇権を濫用するものと主張したが、この点の判断について紹介する。

 判決のポイント

(1)Xは、…ヘルニアにより、安静・休業を要する旨の診断書に基づき、休職命令の発令を求めているところ、これらの傷病は、Xが、平成12年時点から加療を受けていたものであること、(2)Xは、…ヘルニアを含む傷病により、過去2回休職（1回目〈約2年10か月〉および2回目の休職〈3年間〉）をしていること、(3)Xは、休職期間満了日が迫ったので復職したい、休職の最終数か月になると休職手当が3割に減額され、これでは生活できないから復職したいと述べるなどして復職を強く求めていた一方で、本件復職後、ブレザー用のボタンが入手できな

いとか（なお、Xの居住地…近隣でブレザー用のボタンが1週間以上入手できないなどということはおよそ考え難い）、腰痛が悪化したなどとして、僅か7日間勤務しただけで、本件欠勤等の状況に陥っていること、…を総合的に勘案すると、Y1が、Xに対し、4回目の休職を命じることなく、Xが就業規則…の「精神または身体上の故障のため、業務に堪えられない時」に該当するとして、本件解雇を行ったことは、客観的に合理的理由を欠くとはいえず、また、社会通念上相当であると認められる。

 応用と見直し

　使用者において、私傷病を有する労働者に対する就業規則の定めとして、一定期間の欠勤を許容する私傷病欠勤等の制度、さらに私傷病欠勤等が継続してなお復帰できない場合に私傷病休職制度が定められていることが多い。そもそも労働契約は、労働者が労務提供義務を負い、使用者が当該労務提供について賃金の支払義務を負担することにその本質がある以上、労働者が労務提供義務を果たせない以上、解雇理由となり得ることはいうまでもない。しかし、上記のとおり、使用者は、一

定期間、解雇を猶予する目的で私傷病休職等の制度を設けていることが多いと思われるが、私傷病のため労務提供ができないとの一事をもって直ちに解雇することが解雇権濫用として無効と判断される（労契法16条）ことがあることからすれば、私傷病休職制度はいわば解雇を極力回避する配慮策として機能しているといえよう。

　もっとも、私傷病休職制度は、一定期間の解雇を猶予すれば復職することができることが前提であると解されるため、これを適用したとしても復職ができないことが明らかな場合については、私傷病休職制度の適用を認めず（解雇回避策を講じなくても）、解雇をすることは許容される。この点、裁判例でも運送会社の運転者が脳梗塞を発症し、ろれつが回らない状態となり、たとえ回復しても運転をさせることは安全上問題があるとの理由から休職期間（3箇月）等をおかないで、トラック運転手としての業務に就くことが不可能な状態であったことが認められるとして普通解雇した事案で、「傷病休職制度の趣旨とするところは、労使双方に解雇の猶予を可能とすることにあると解され…かかる休職制度があるからといって、ただちに休職を命じるまでの欠勤期間中解雇されない利益を従業

員に保障したものとはいえず、使用者には休職までの欠勤期間中解雇するか否か、休職に付するか否かについてそれぞれ裁量があり、この裁量を逸脱したと認められる場合には解雇権濫用として解雇が無効となる」（岡田運送事件＝東京地判平14・4・24）と判断したものがあるが、本件も結局、Xの外傷性ヘルニアにより労務の提供ができないと判断され、私傷病休職の適用をすることなく解雇を有効と判断した数少ない事例として実務上参考となるものである。

MEMO

高賃金の中途採用者の本採用拒否

（本採用拒否）

－社会福祉法人どろんこ会事件－（東京地判平31・1・11）

弁護士　岡芹　健夫　　　　　　　　　　　　　　［労判1204号62頁］

年収1000万円で採用した部長の本採用拒否

　年収1000万円超で中途採用された部長が、3カ月の試用期間後の解雇は無効と訴えた。東京地裁は、経歴から高いマネジメント能力を期待されていたが、高圧的な言動を繰り返し協調性を欠くなど本採用拒否を相当と認定。当該部長は突然部下に降格を仄めかしパワハラと通報されたほか、経歴も一部虚偽であり、かつ即戦力採用で、問題行動の改善指導がなくても判断に影響を及ぼさないとした。

期待した管理能力なく経歴も一部虚偽で相当と判断

 事案の概要

　Y法人は、保育所や障害児通所支援事業の社会福祉事業等を行う社会福祉法人であり、首都圏を中心に、認証保育園であるどろんこ保育園や発達支援施設つむぎを運営する法人である。

　平成28年11月1日、Y法人とXとの間で、期間の定めのない労働契約（以下「本件労働契約」）が締結された。本件労働契約は、試用期間を入社時より3カ月とし、業務内容は、発達支援事業全体のマネジメントおよびY法人全体の事業推進の寄与とされていた。

　平成28年12月1日、Y法人はXに対し、自宅待機命令を出し、同月28日、「本採用拒否の通知」と題する書面にて、平成29年1月31日付で本採用を拒否する旨を通知した（以下「本件本採用拒否」）。

　平成29年1月26日解雇理由書によれば、Xが上司との関係において、適切な報告・相談を繰り返し怠り、部下との関係でも、適切な意思疎通を図ることを怠り、職員に対しXに対する不信感、恐怖心を抱かせ、部下からパワハラであるとして内部通報・外部通報をされるという事態に至り、さらに

はY法人が不正行為を行っているという虚偽の事実を流布する等、他の職員の業務遂行に悪影響を及ぼし、協調性を欠くなどの言動が認められること、および、Xの提出した履歴書記載の職歴のうち、事実に反する不適切な記載が確認されたことから、Y法人がXに期待した適格性を欠くものと判断したということが、本件本採用拒否の理由とされていた。

Xは、Y法人を相手に、本件本採用拒否による解雇は無効であると主張し、雇用契約上の地位を有することの確認を求めるとともに、判決確定日に至るまでの未払賃金（月額83万4000円）およびこれに対する遅延損害金（年5分）の支払いを求め、提訴した。

 判決のポイント

本件本採用拒否は、試用期間中に、使用者が労働契約…に基づき留保していた解約権を行使する趣旨に出たものとみることができ、…留保解約権の行使も、解約権留保の趣旨、目的に照らし、…社会通念上相当として是認され得る場合にのみ許される。

Xは、その履歴書における経歴（編注：一流の大学に研究者として在籍す

るほどの高い学歴や学位を有し、民間企業におけるコンサルタントとしての実務経験等をも有し、Y法人と同じ発達支援事業を展開している社会福祉法人C会において子どもの教育にも豊富な経験を有する人物であることなど）から、発達支援事業部部長として、さらにはY法人グループ全体の事業推進を期待されるY法人の幹部職員として、Y法人においては高額な賃金待遇の下、即戦力の管理職として…高いマネジメント能力を発揮することが期待されていた。

Xは、Y法人の重要会議にしばしば欠席するなどしたこと、不用意に施設長の降格について言及するなど…高圧的言動により内部ホットラインによる相談はおろか外部ホットラインによる相談まで招く事態…を生じさせるなど、…Xの業務運営の手法は、施設長らとの円滑な意思疎通が重要となるY法人の発達支援事業部部長としては、高圧的・威圧的で協調性を欠き、適合的でなかったと評価せざるを得ない。Xは、記者会見や団体交渉において、…事実に沿わないY法人の不正行為等に関する発言をしたものといわざるを得ない。のみならず、Y法人が経歴において重視していた点（C会での活動）につき、やり取りも途絶えていたこと、

民間企業でのコンサルタントとしての稼働期間に関しても、…その記載に反し、…わずかであったことが認められる。

本採用拒否による契約解消は、解約権留保の趣旨、目的に照らし、客観的に合理的な理由が存し、社会通念上相当なものと認められる。

また、Ｘが、その履歴に鑑み、高いマネジメント能力を買われて、Ｙ法人としては好待遇の下、即戦力として中途採用された…ことに照らせば、改善指導を当然の前提とすることも相当でなく、むしろ、Ｘの高圧的言動に係る事実が短期間で複数認められたことや、Ｘの不正行為や違法行為に係る指摘によりＹ法人の信頼関係を大きく損なう事態にもなっていたこと、しかも、Ｘ申告の…経歴上不適切な点…もあったことにも照らせば、…改善指導をしなかったからといって、およそ本件採用拒否の理由にならないものでもない。

Ｘは、告知聴聞の手続が履践されておらず、不当であるなどとも主張する。しかし、本件においてＸは解約留保権の行使により労働契約の解消に至ったものであって、懲戒手続により解消に至ったものではなく、…本採用拒否による契約解消の有効性が左右されるものでもない。

 応用と見直し

本件は、期間の定めなき労働契約を締結した労働者の解雇の有効性が問題となった案件であるが、それが本採用前の試用期間中の解雇であること、Ｘがその申告していた経歴により、高い能力と即戦力であることを期待された労働者であること（その分、高待遇でもあった）が、一般の解雇の事案とは異なる点である（無論、いずれも、一般の解雇の事案よりも、より解雇が認められやすくなる事実関係である）。

殊に、二つ目の事実関係（高い能力と即戦力であることを期待され、その分、高待遇でもあったこと）は、相当程度に解雇を容易にする事情であり、裁判例でも、たとえば、古くは人事本部長として採用された者に対する解雇を有効としたフォード自動車事件（東京高判昭59・3・30）、新しい例では、GMとして雇用された者への解雇を有効としたラフマ・ミレー事件（東京地判平30・6・20）など、かなり多数の例がみられる。

こうした裁判例が適用され、解雇が有効になるためには、雇入れ時（労働契約時）において、当該労働者の従事

する業務内容、地位・役職をある程度特定しておくとともに、その能力・経歴に鑑みての採用であることの証跡を残しておくためにも、本件のＹ法人も行っていたように、当該労働者より経歴・職歴についての具体的な申告を行わせておくことが有用である。紛争の実務では、即戦力であること自体は期待されつつも、使用者が期待していたほどの高い能力までは、労働契約時においては予定されていなかったと認定される場合もあり得るが、雇い入れ時において、当該労働者より、相当に高度の経歴を申告させておけば、そうした認定を避ける一助になり得よう。

MEMO

手当不正受給者の懲戒解雇と退職金不支給

（懲戒解雇）

－Ａ社事件－（東京高判平 30・5・30）

弁護士　渡部　邦昭

［労経速 2360 号 3 頁］

> ## 手当を騙し取ったと懲戒解雇、退職金もゼロに
>
> 　子の別居を届け出ず単身赴任手当等を不正受給したとして、懲戒解雇された従業員が地位確認等を求めた。東京地裁は、3 年以上で 400 万円超の損害が生じ、雇用継続の前提となる信頼関係を回復困難な程に毀損したと判断。規程などから変更の届出が必要なことは認識できたとして、虚偽の申告を故意と認めた。謝罪や弁償もなかった。退職金は勤続の功を勘案し 6 割を不支給とした。

虚偽の申告は故意で懲戒解雇有効、退職金は 6 割不支給

 事案の概要

　甲は、昭和 60 年 4 月、Ａ社の前身会社（Ｂ社）に就職、その後、吸収合併を経たＡ社と期間の定めのない雇用契約を締結し、平成 27 年 11 月 18 日、本件懲戒解雇されるまで総合職の正社員として職務していた。

　甲は、平成 24 年 10 月 1 日、東京都多摩市にあるＡ社事業所に異動し、同月 30 日、Ａ社の借上げ社宅（単身者用マンション）に入居、その後、同社宅にて子と同居を再開した。

　Ａ社は、①甲が子と別居していた平成 24 年 4 月から同年 12 月までの期間、別居の届出を行わず、住宅手当を受け取っていたこと、②社宅への入居時期、子は大学の関係で練馬区の自宅に残ると虚偽の申告をし、甲の入居が単身赴任に該当するかのようにＡ社を誤信させ、単身赴任手当、本人赴任手当、帰省旅費を不正に受領し、社宅使用料の支払い等を不正に免れたこと、③社宅にて子と同居後は独身要件を満たさないため、賃料は甲の金額負担となるのに、同居申請をせずに子と別居を続けているかのように誤信させその支払いを免れたこと等を懲戒事由とし

て、就業規則に照らして本件懲戒解雇処分とし、退職金を全部不支給とした。

これに対して、甲は、懲戒事由の存在を争い、本件懲戒解雇処分は無効で、退職金不支給も不当であるとして地位確認等の訴えを提起した。

主な争点は、本件懲戒解雇処分の有効性と退職金不支給の相当性の2点であるが、本判決はおよそ以下のように判示して、前者については甲の請求を斥けたが、後者については一部認容した。

 判決のポイント

(1) 懲戒解雇処分の有効性

懲戒事由①は、必要な届出を怠ったという不作為であり、…別居していた期間も比較的短期間にとどまり、…企業秩序を著しく乱したものとまではいえず、懲戒規程に該当すると認めることまではできない。（懲戒事由②や③）甲は、事前に就業規則…の内容を確認するとともに、…申請システム上の…注意書の内容を確認することにより、自身が単身赴任基準を満たさず、単身社宅の入居資格も有しないこと等を認識していたといえるにもかかわらず、…虚偽の事実を入力するなどしていた

ものであって、…刑事犯（詐欺）に該当する行為があり、企業秩序を著しく乱し…、故意にA社に損害を与えたものとして、就業規則の懲戒解雇事由に該当する。

懲戒解雇の相当性について、3年以上の期間において、A社に…積極的に虚偽の事実を申告して各種手当を不正に受給したり、本来支払うべき債務の支払を不正に免れたりするなど、甲とA社が雇用関係を継続する前提となる信頼関係を回復困難な程に毀損する背信行為を複数回にわたり行い、A社に400万円を超える損害を生じさせたものである。これらの事情に加え、明確な謝罪や被害弁償を行うこともなかったことや、懲戒手続上の瑕疵も認められないことからすると、甲が30年以上にわたり勤務していた…諸事情を考慮しても、懲戒解雇が客観的に合理的な理由を欠き、社会通念上相当であると認められないものということはできない。

(2) 退職金支払請求権の有無およびその額

（A社がその支払義務の主体となる）退職金（一時金）は、甲を含むBの退職金制度…に加入していた従業員について、…支給するものであり、…Bに

おける賃金の後払い的性格および功労報酬的性格の色彩が強い…。不支給または減額支給とできるのは、Bにおける長年の勤続の功を抹消ないし減殺してしまうほどの著しく信義に反する行為があった場合に限られる。本件不支給規定の適用も、その6割…を不支給とする限度でのみ合理性を有する。

(1)懲戒解雇は、懲戒処分の極刑である。通常は解雇予告も予告手当の支払いもなされず、即時になされ、退職金の全部または一部が支給されない。労使関係における懲戒は、企業秩序維持のために、秩序違反行為をした者に対して、一定の不利益を課する使用者の処分をいう。懲戒処分とは、譴責、減給、出勤停止、懲戒解雇という段階をもって体系化されているが、就業規則では、戒告、訓告、降格、諭旨解雇などを定めている例もある。いずれにしても懲戒解雇は懲戒処分体系の頂点に位置するものであって、懲戒解雇されると再就職に重大な障害となるという不利益を伴うことになる。

懲戒解雇に伴う退職金の全部または一部の不支給は、これを退職金規程などに明記して労働契約を規律させて初めて行い得るものであり、またそのように明定すれば賃金全額払の原則（労基法24条1項本文）に違反するものではない。そして、退職金の功労報酬的性格に照らせば、そのような規定を一般的に公序良俗違反（民法90条）となすことも適切ではない。しかしながら、退職金の性格からは、退職金不支給規定を有効に適用できるのは、労働者のそれまでの勤続の功を抹消ないし減殺してしまうほどの著しく信義に反する行為があった場合に限られる（合理的限定解釈）とされている。たとえば、「懲戒解雇の場合、退職金は支給しない」旨の就業規則の定めがあったとしても、一部の不支給にとどめ、一部を支給するという法解釈が許される。

(2)参考判例として、メディカルサポート事件（東京地判平12・2・28）がある。この事案は、調剤薬局の経営などを目的とする株式会社（Y社）が平成5年4月に入社、医療機関との交渉・渉外などの営業全般を担当していたB（原告）に対して、平成10年11月5日、経費（交際費、会議費、交通費等）について請求および精算に不正があるとして懲戒解雇をしたものである。交通費使用明細書等に係る費用、会議費使用明細書等に係る費用

等、合計約60万円余りが、いずれも経費の不正請求または不正精算であることを理由にされたものであり、その内の約27万円のみがBに支払われているが、その額は少ないとは決していえないこと等を認定したうえで、本件懲戒解雇が権利の濫用であるとして無効であるということはできないと判断した。

(3)判例の傾向としては、企業秩序違反行為に対して企業からは排除するための懲戒解雇は有効であるという厳しい判断を示しつつ、退職金については、退職金不支給規定の定めにかかわらず、合理的限定解釈という手法で、一部不支給（本判決は、6割を不支給、4割を支給すべきとした）にとどめ、当事者双方の利益調整を図っているといえるであろう。

本判決もその流れに沿うもので、実務上参考になる。

MEMO

運転待機中の労働時間性（労働時間）

－Ｋ社事件－（東京高判平 30・8・29）

弁護士　牛嶋　勉　　　　　　　　　　[労経速 2380 号 3 頁]

> ## ２人体制の夜行バス、運転待機中も労働時間？
>
> 　夜行バスの運転手らが、交代要員としての乗車時間に賃金支払いを求めた事案の控訴審。高裁もリクライニングの座席など国交省の定める運転者の配置基準を満たすとしたうえで、仮眠できる状態で労働から離れることが保障されていると判断。場所的な拘束はやむを得ず、制服の着用義務はあるが上着を脱ぐことは許されるなど、休憩するために配慮された環境と評価した。

仮眠可能で労働から離れることが保障、労働時間でない

 事案の概要

　原告らは、交代運転手としてバスに乗車している時間は全て労働時間に当たると主張し、また、出庫前・帰庫後の計２時間は労働時間であると主張し、未払賃金、付加金等を請求した。

　交代運転手の座席は、運転席の真後ろにある客席であり、客席が二人用の座席でも一人で着席していた。交代運転手は、交代運転手として乗車している間は休憩するように被告から指導されており、仮眠するなどして休憩していた。この際、交代運転手は、制服を着ていたものの、上着を脱ぐことは許容されていた。交代運転手は、その着席中に、乗客の要望や苦情に対応することや、運転手の運転を補助することはなく、事故等の非常用に被告から支給された携帯電話機を管理していたが、被告から着信があることはほとんどなかった。

　一審（横浜地裁小田原支判平 30・3・23）は原告らの請求を棄却し、原告らが控訴した。

 判決のポイント

　被控訴人（バス会社）において、交代運転手はリクライニングシートで仮眠できる状態であり、飲食することも可能であることは…認定のとおりで

あって、不活動仮眠時間において労働から離れることが保障されている。被控訴人が休憩や仮眠を指示したことによって、労働契約上の役務の提供が義務付けられたとはいえないから、…不活動仮眠時間において被控訴人の指揮命令下に置かれていたものと評価することはできない。

交代運転手の職務の性質上、休憩する場所がバス車内であることはやむを得ないことであるし、その際に、制服の着用は義務付けられていたものの、被控訴人は制服の上着を脱ぐことを許容して、可能な限り控訴人らが被控訴人の指揮命令下から解放されるように配慮していたものである。そうすると、交代運転手の休憩する場所がバス車内に限られ、制服の着用を義務付けられていたことをもって、労働契約上の役務の提供が義務付けられていたということはできない。

交代運転手が不活動仮眠時間に乗客の苦情や要望に対する対応を余儀なくされることがあったとしても、それは例外的な事態であると考えられる。また、交代運転手が不活動仮眠時間において道案内その他の運転手の補助を要する状況が生ずることを認めるに足る的確な証拠はない。

これらの事情を総合すると、被控訴人における交代運転手の不活動仮眠時間は、労働からの解放が保障されているということができる。

以上によれば、交代運転手としてバスに乗っている時間は、労働契約上の役務の提供が義務付けられているとはいえず、労働基準法上の労働時間に当たらない。

被控訴人が現在2時間（出庫前1時間、帰庫後1時間）を加えた分の賃金を支払っているのは、平成26年4月1日の料金制度の改正を受けたことによるものであるから、この事実をもって、それ以前から…出庫前・帰庫後に合計2時間の労働時間があったと推認することはできない。

 応用と見直し

❖労働時間とは

三菱重工業長崎造船所事件（最一小判平12・3・9）は、「労働基準法…32条の労働時間…とは、労働者が使用者の指揮命令下に置かれている時間をいい、右の労働時間に該当するか否かは、労働者の行為が使用者の指揮命令下に置かれたものと評価することができるか否かにより客観的に定まるものであって、労働契約、就業規則、労

働協約等の定めのいかんにより決定されるべきものではない」と述べ、労働時間の判断基準を確立した。

大星ビル管理事件（最一小判平14・2・28）は、ビル管理会社の従業員の仮眠時間について、「上告人らは、本件仮眠時間中、労働契約に基づく義務として、仮眠室における待機と警報や電話等に対して直ちに相当の対応をすることを義務付けられているのであり、実作業への従事がその必要が生じた場合に限られるとしても、その必要が生じることが皆無に等しいなど実質的に上記のような義務付けがされていないと認めることができるような事情も存しないから、本件仮眠時間は全体として労働からの解放が保障されているとはいえず、労働契約上の役務の提供が義務付けられていると評価することができる。したがって、上告人らは、本件仮眠時間中は不活動仮眠時間も含めて被上告人の指揮命令下に置かれているものであり、本件仮眠時間は労基法上の労働時間に当たる」と判断した。

また、大林ファシリティーズ（オークビルサービス）事件（最二小判平19・10・19）は、マンションの住み込み管理員である夫婦が時間外割増賃金等を請求した事案について、土曜日の時間外労働については、「本件会社は、被上告人らに対し、土曜日は1人体制で執務するよう明確に指示し、被上告人らもこれを承認していたというのであり、土曜日の業務量が1人では処理できないようなものであったともいえないのであるから、土曜日については、上記の指示内容、業務実態、業務量等の事情を勘案して、被上告人らのうち1名のみが業務に従事したものとして労働時間を算定するのが相当である」と判断した。

❖ 2人体制のバス運転手の場合

アルピコ交通事件（長野地判平29・1・20）では、運転手2人体制の貸切バスにおける交代運転者として待機した時間（交代待機時間）が労働時間に当たるか否かが争点になった。しかし、被告のバス会社は、審理終結前に、同訴訟で請求された交代待機時間に相当する賃金額および遅延損害金の全額を弁済したため、同判決は、原告の請求を棄却し、交代待機時間が労働時間に当たるか否かについては判断を示さなかった。

そこで、本件判決は、運転手2人体制のバスにおいて交代運転手として車内にいた時間が労働時間に当たらないと判断した初めての判決のようである。

❖ 実務上の留意点

　厚生労働省労働基準局の「バス運転者の労働時間等の改善基準のポイント」では、「運転者が同時に1台の自動車に2人以上乗務する場合（ただし、車両内に身体を伸ばして休息することができる設備がある場合に限る）において、1日の最大拘束時間を20時間まで延長でき、また、休息期間を4時間まで短縮できます」と述べている。バス運転手が2人体制であっても、バス内で待機している交代運転手が実質的に休憩していたといえるか否かが分かれ目になると考えられる。

MEMO

パワハラの違法性の判断（パワハラ）

－公益財団法人後藤報恩会ほか事件－（名古屋高判平 30・9・13）

弁護士　緒方　彰人　　　　　　　　　　　　　［労判 1202 号 138 頁］

面談で注意指導、声荒げず違法性なしの一審は

学芸員がパワハラを受けたとして、退職後に慰謝料を求めた。館長らは年休の取得方法や時季を問題視して、面談で「非常識」「次は辞表を書いていただく」などと発言した。声を荒げず職務上の注意指導とした一審に対し、名古屋高裁は、館長らは代表理事の親族であり、地位、立場に照らし職場から排除を示唆されたと感じ得るもので、社会的相当性を逸脱する退職勧奨でパワハラと認めた。

上司は経営者親族で職場排除示唆したパワハラに当たる

 事案の概要

被控訴人法人は、美術館を設営する会社である。控訴人は、本件美術館の職員として採用され、平成 27 年 4 月 1 日から勤務を開始したが、同年 11 月 20 日をもって退職した。被控訴人月子および被控訴人雪子は、いずれも法人の前代表理事の実子であり、人事または経理を担当しており、被控訴人丙川館長は、法人の前代表理事の実弟である。

同年 10 月に次の出来事があった。①控訴人が、前日が休館日であったため、葬儀参列を理由とする翌日の有休取得の連絡をメールで行ったことにつ

いて、月子は、控訴人に対し、「電話連絡してこなかったので、…無断欠勤に当たります」と発言し、それを聞いて、葬儀参列後、急遽、出勤した控訴人に対し、「信頼関係が全て崩れちゃった」「信頼関係ゼロです」「感覚が違いすぎて。ここのルールやペースと違う」「センスが合わない」などと言った。丙川館長も、控訴人に対し、「連絡の方法を努力すべきであった」と非難し、「…性格で…治らないということならば…仕事は、長続きしない」などと発言した。

②控訴人が個人のメールアドレスから作成した催事予定表を送信したことについて、雪子は、控訴人に対し、指

示された作業（催事予定表の作成）が間に合わないまま予定どおり有給休暇を取得したことを「非常識」と非難し、「センスが…信じられない」「信頼を失いました」などと言った。

③控訴人が作成した点検リストがノートに貼付されていなかったことについて、月子は、控訴人に対し、「これでは駄目ですね」「ここの職員としてふさわしくない」「お願いする仕事がありませんよ」などといった。

④これらの出来事の後、丙川館長および月子は、控訴人と面談し、「あなたの性格では、…ここは難しいですよ」「ここの美術館ではいらない人」「辞表を書いていただく」などと発言した。

控訴人は、被控訴人らに対し、パワーハラスメントを理由とする損害賠償請求を行った。原審（名古屋地判平29・9・28）は、①〜④の被控訴人らの言動について、当事者がともに座ったままの状態で、声を荒げたり高飛車に出ているわけでもなく、ゆっくりと間合いを取りながら淡々と話している様子がうかがわれるなどとして、職務上の注意・指導として社会通念上許容し得る限度を超えていないとして違法性を否定した。そのため控訴人が控訴した。

 判決のポイント

①被控訴人…の一連の各言動は、本件美術館の館長や被控訴人法人の前代表理事の娘等の地位、立場にある者らが、採用間もない控訴人に対して、一方的に非があると決めつけ、控訴人の性格や感覚等を批判し、「非常識」「信頼関係ゼロ」「ここの職員としてふさわしくない」などと非難して職場から排除しようとするものであって、社会的相当性を逸脱する違法な退職勧奨であると認められる。…各言動は、相互に関連するものであり、一連のものと認められるから、共同不法行為が成立する。

②被控訴人法人には使用者責任（民法715条）が認められる。

③控訴人に対する慰謝料額は60万円をもって相当と認める。

 応用と見直し

職場のパワーハラスメントの行為類型には、種々のものがあるが、本件は、職場における言動についての不法行為責任が問題となった事案である。職場における言動は、業務上の指導と称して行われる場合もあるため、不法行為上の違法性が認められるか否かは、主

として当該言動が「業務の適正な範囲」（社会的相当性）を逸脱しているか否かが主たる判断要素となる。

裁判例においても、①職場上司が叱咤督促する趣旨で、赤文字でポイントを大きくして、「やる気がないなら、会社を辞めるべき」「会社にとっても損失」という内容のメールを本人のほか職場従業員にも送信した事例（A保険会社上司事件＝東京高判平17・4・20）、②閉鎖的な艦内で、継続的に「お前は三曹だろ。三曹らしい仕事をしろよ」「お前は覚えが悪いな」「バカかお前は。三曹失格だ」などの言辞を用いて指導した事例（海上自衛隊事件＝福岡高判平20・8・25）、③直帰せずに一旦帰社するようにとの指示を無視した社員に対し、午後11時頃に、「本当に、私、怒りました。…本当にこういうのはあり得ないですよ」「こんなに俺が怒っている理由わかりますか。…本当に、僕、頭にきました」と怒りを露わにしたメールを送信し、携帯電話の留守電に録音した事例（ザ・ウインザー・ホテルズインターナショナル事件＝東京高判平25・5・27）などにおいて違法性が認められている。

他方、①「お前はとろくて仕事ができない。自分の顔に泥を塗るな」などの言動について、親しい上司と部下の間の軽口として許容されないほどのものとまではいえないとした事例（前掲・海上自衛隊事件）、②架空出来高の計上等を是正するよう指示されたにもかかわらず、1年以上も是正せず、原価管理に必要な工事日報も作成されていなかった事案において、ある程度の厳しい改善指導をすることは、社会通念上許容される業務上の指導の範囲を超えるものと評価できないとした事例（前田道路事件＝高松高判平21・4・23）、③単純ミスを繰り返す従業員に対して、時には厳しい指摘・指導や物言いをしたことが窺われるが、生命・健康を預かる職場の管理職が医療現場において当然になすべき業務上の指示の範囲内にとどまるとした事例（医療法人財団健和会事件＝東京地判平21・10・15）などにおいて違法性が否定されている。

このように、職場上の地位や優位関係、言動の目的、必要性、内容、態様（具体的な状況、頻度などを含む）、人間関係等を考慮して違法性が判断されている。本件では、年休取得の連絡方法や指示業務を行わないまま年休を取得するなど控訴人の行動にも問題はなかったとはいえないが、それに対する被控訴人らの言動の内容が「非常識」「信頼関係ゼロ」「ここの職員としてふ

さわしくない」などと職場排除の意思を感じさせる強い表現のもの（控訴人の行動に対する指導としてはバランスを欠くもの）であり、それが被控訴人法人の前代表理事の親族である被控訴人らから、続けて行われたことなどから違法性が認められたものといえよう。原審では、言動の態様から違法性がないと判断されたが、違法性は、態様のみでなく、職場上の優位関係や言動の内容等を考慮した総合判断であることを示した事例といえよう。

MEMO

コンビニ店主の労働者性（労働者性）

－セブン－イレブンジャパン事件－（東京地判平 30・11・21）

弁護士　渡部　邦昭　　　　　　　　　　　　　　　［労経速 2376 号 14 頁］

コンビニ店主が「労働者」と未払賃金など求める

コンビニ店主が、労働者に当たるとして未払賃金等を求めた。使用従属性が認められるとの主張に対し東京地裁は、労働者への指揮監督とは性質が異なるなど、事業者性を減殺し労働者性を肯定できるまでの事情はないと判断。フランチャイズ契約は労務の提供が目的ではなく、自ら業務を行うか等は経営者に委ねられていた。営業場所や時間の指定は契約の内容にすぎないなど請求を斥けた。

事業者性までは否定できず、労務契約とは異なる

 事案の概要

　会社はコンビニエンスストアのフランチャイズ・チェーンの運営等を業としている株式会社である。甲は、会社との間でコンビニエンスストアの経営に関するフランチャイズ基本契約（本件基本契約）を締結し、加盟店主としてセブン－イレブン店を経営していた者である。

　本件基本契約は、会社が甲に対して、セブン－イレブン店を経営することを許諾するとともに、継続的なセブン－イレブン・システムによる経営の指導・技術援助およびサービスの実施を約し、甲が店舗の経営を行い、会社に一定のチャージを支払うことを約すること等を内容とするものである。そして、毎日の店舗の売上げ金の全額は、仕入資金等の調達についての信用の供与や簿記・会計処理等を行う会社にいったん送金し、会社から店舗の売上高や売上げ総利益等を基に算定された引出金等の形で毎月送金を受けるとされていたほか、加盟店主の総収入が一定額を下回らないように最低保証制度が導入されていた。

　甲が労基法 9 条の「労働者」および労契法 2 条 1 項の「労働者」に該当するにもかかわらず、会社は賃金の支払いを怠る、無効な解雇を行うといった不法行為を行ったなどと主張して、会

社に対し、不法行為に基づく未払賃金相当額および慰謝料等の損害金の支払い等11億円余りを求めるとともに、予備的に労働契約に基づく未払賃金6000万円余りの支払いを求めて訴えを提起したものである。

本件の争点は、店主である甲が労基法上および労契法上の労働者といえるか否かに存するが、本判決はおよそ以下のように判示して、甲の訴えを斥けた。

 判決のポイント

労基法第9条および労契法第2条第1項の各規定によれば、労働者とは、使用従属性の要件を満たす者、すなわち、使用者の指導監督の下に労務を提供し、使用者から労務の提供の対価として報酬を支払われる者をいうと解される。

しかし、甲は、個人もしくは（コンビニエンス・ストアの経等を目的とする）Xの代表取締役として、会社との間で、店舗の経営に関する…本件基本契約を締結し、…独立の事業者として、本件店舗を経営していたものであって、このことは、甲が労働者であることと本質的に相容れない。

本件基本契約は、…甲の労働それ自

体の提供が契約の目的とされているものではない。基本契約の内容からすれば、会社が店舗の仕入商品および販売商品の種類・数量を正確に把握したり、…仕入先および仕入品の推薦をしたり、…OFC（店舗経営相談員）を通じて経営の助言、指導を行うことは、同契約に基づく会社の義務の履行を行うものであり、使用者がその権限において行う労働者に対する指揮監督とはその性質がおよそ異なる。

商品の仕入については、甲が、…仕入ルートを独自に開発したり、いかなる商品をどの程度仕入れるかを適時適切に判断することは困難…と考えられる。甲が主張するとおり、会社の推薦した仕入先から会社を通じて仕入れるほかないという実情があるとしても、そのことをもって直ちに甲の事業者性が否定されるものではない。

店舗という営業場所やその営業時間が指定されていたのは、会社が甲の業務の遂行を指揮監督する必要によるものではなく、…フランチャイズ契約の内容によるものにすぎない。

本件基本契約は、甲が店舗の店舗業務を自ら行うか、行うとしてどの程度の時間行うかは、経営者である甲の判断に委ねられていた。…甲が店舗に常に注意を払い、問題が生じた際に対応

しなければならないことは、…経営者である以上、当然のことであり、労働者性を根拠付ける事情ということはできない。

甲が雇用していた店舗のアルバイト従業員の給与は、会社が支払代行をしていた…ものの、甲がその額を決定し、その原資を負担するとともに、同給与をXの経費として計上していたことからすると、…むしろ、甲の労働者性を否定する方向に働く事情である。

本件基本契約において、…火災保険等の各種保険に加入するものとされ…ていたものの、甲の労働者性を積極的に肯定できる事情であるということはできない。むしろ、…補償される範囲を超えた損失は、甲がその危険を負担するとされていたこと…は、甲の労働者性を否定する方向に働く事情である。

 **応用と見直し**

1、労組法3条は、「この法律で労働者とは、職業の種類を問わず、賃金、給料その他これに準ずる収入によって生活する者をいう」と定義している。これに対し、労基法9条は、「この法律で労働者とは、職業の種類を問わず、事業に使用される者で、賃金を支払わ

れる者をいう」としており、労契法2条1項は、「この法律において労働者とは、使用者に使用されて労働し、賃金を支払われる者をいう」と定義している。

労組法3条の「労働者」の定義は、団体交渉の助成を目的とする労組法の保護を及ぼすべき者であるか否かの観点から定められたもので、労基法や労契法の定義と同一である必要はないと解されている。労働者概念の相対性を是認しているのである。

2、甲の訴えが提起される前の平成26年3月に岡山県労働委員会が、本件と同様のセブン－イレブン店の加盟店主が会社を「被申立人」として申し立てた不当労働行為救済申立事件について、同委員会が「加盟店主は会社と別の立場にある事業者であるとはいえ、その独立性は希薄であり、労働組合法上の労働者に当たる」と判示していた。しかし、会社からの再審査申立てを受けた中労委は、「加盟店主は労働組合法上の労働者に当たらない」として、平成31年3月15日、岡山県労委の初審命令を取り消している。

3、本判決は、労基法上および労契法上の労働者性を判断するに当たって、まずは甲が独立の事業者であることを認定したうえで、①業務遂行上の

指揮監督、②時間的・場所的拘束性、③代替性、④報酬の算定・支払方法等、⑤その他の事情はいずれも、甲の事業者性を減殺して、甲の労働者性を積極的に肯定できるまでの事情とはいえないとしている。

本判決の結論は、妥当なものである。甲が問題視する「事実上の強制」については、優越的地位の濫用の観点から別の法律（独占禁止法、下請法など）の適用が検討されるべきであろう。

MEMO

弁護士　**石井　妙子**（いしい　たえこ）

太田・石井法律事務所（千代田区一番町 13　ラウンドクロス一番町 6 階）
　昭和 61 年 4 月弁護士登録（第一東京弁護士会）。平成 30 年経営法曹会議事務局長。
　専門分野は人事・労務管理の法律実務。
　　＜著書＞　「問題社員対応の法律実務」（経団連出版）
　　　　　　　「続　問題社員対応の法律実務」（同上）
　　　　　　　「改訂版　最新実務労働災害」共著（三協法規出版）など

弁護士　**岩本　充史**（いわもと　あつし）

安西法律事務所（中央区銀座 3 － 4 － 1　大倉別館 3 階）
　平成 11 年弁護士登録（第一東京弁護士会）。駒澤大学大学院法曹養成研究科法曹養成専攻非
　常勤講師。東京地方最低賃金審議会公益代表委員。東京簡易裁判所民事調停委員。内閣官房
　内閣人事局専門調査員。
　　＜著書＞　「別冊ビジネス法務・不況下の労務リスク対応」（中央経済社・共著）
　　　　　　　「人事・労務における法務とリスクマネジメント～コンプライアンスとトラブル防
　　　　　　　止のための法務知識と具体的実務対応～」（企業研究会・共著）
　　　　　　　「労働契約法の実務－指針・通達を踏まえた解説と実践的対応策－」（民事法研究会・
　　　　　　　共著）

弁護士　税理士　**牛嶋　勉**（うしじま　つとむ）

牛嶋・和田・藤津法律事務所（千代田区一番町 5 － 3　アトラスビル 5 階）
　昭和 51 年弁護士登録。昭和 57 年税理士登録。平成 17 年経営法曹会議事務局長、同年新司
　法試験考査委員（租税法）。経営法曹会議代表幹事。
　　＜著書＞　「出向・転籍・退職・解雇」（第一法規・編著）
　　　　　　　「パート・アルバイト・嘱託・派遣・出向」（第一法規・編著）
　　　　　　　「現代労務管理要覧」（新日本法規・編著）
　　　　　　　「社員の問題行為への適正な対応がわかる本」（第一法規・共著）

弁護士　**岡芹　健夫**（おかぜり　たけお）

髙井・岡芹法律事務所 所長（千代田区九段北 4 － 1 － 5　市ヶ谷法曹ビル 902 号室）
　平成 6 年弁護士登録（第一東京弁護士会）。経営法曹会議幹事。
　第一東京弁護士会労働法制委員会委員、東京三弁護士会労働訴訟等協議会委員。
　　＜著書＞　「人事・法務担当者のためのメンタルヘルス対策の手引」（民事法研究会）
　　　　　　　「雇用と解雇の法律実務」（弘文堂）
　　　　　　　「労働条件の不利益変更　適正な対応と実務」（労務行政）

弁護士　**緒方　彰人**（おがた　あきひと）

加茂法律事務所 パートナー弁護士（中央区八重洲２－８－７　福岡ビル７階）
　平成 12 年弁護士登録（第一東京弁護士会）。経営法曹会議所属。
　主に人事労働、会社法務（商事・民事事件等）、倒産法務、損保事件などを手掛ける。
　　＜著書＞　「Ｑ＆Ａ建設業トラブル解決の手引き」（新日本法規出版・共著）
　　　　　　　「現代　労務管理要覧」（新日本法規出版・共著）
　　　　　　　「賃金・賞与・退職金の実務Ｑ＆Ａ」（三協法規出版・共著）

弁護士　**中町　誠**（なかまち　まこと）

中町誠法律事務所（中央区銀座７－８－５　植松ビル９階）
　昭和 53 年弁護士登録（第一東京弁護士会）。経営法曹会議常任幹事。
　平成 19 年４月〜22 年３月　東京大学法科大学院客員教授（労働法実務家教員）
　　＜著書＞　「最高裁労働判例４・５・６・７・10」（日経連・共著）
　　　　　　　「労働法実務ハンドブック（第３版）」（中央経済社・共著）
　　　　　　　「労働条件の変更（第２版）」（中央経済社）
　　　　　　　「論点体系　判例労働法１」（第一法規・共著）

弁護士　**渡部　邦昭**（わたなべ　くにあき）

渡部総合法律事務所（広島市中区上八丁堀８－14　安芸リーガルビル４階）
　昭和 51 年 12 月　大阪弁護士会より広島弁護士会に登録換え、平成７年広島弁護士会副会長。
　経営法曹会議に所属。
　　＜著書＞　「転職・中途採用をめぐる法律実務」（広島県経営者協会監修）
　　　　　　　「労働法実務ハンドブック」（中央経済社・共著）
　　　　　　　「ロータリーと学び」（広島陵北ロータリークラブ監修）

経営側弁護士による

精選　労働判例集　第 10 集

著　者　　石井　妙子　　　岩本　充史
　　　　　牛嶋　　勉　　　岡芹　健夫
　　　　　緒方　彰人　　　中町　　誠
　　　　　渡部　邦昭

2020 年 6 月 22 日　　初版

発行所　株式会社労働新聞社
　　　　〒 173-0022　東京都板橋区仲町 29 － 9
　　　　TEL：03（3956）3151　　FAX：03（3956）1611　　E-mail：pub@rodo.co.jp
　　　　https://www.rodo.co.jp/　（書籍の最新情報を公開しております）

印　刷　モリモト印刷株式会社

禁無断転載／乱丁・落丁はお取替え致します。
ISBN978-4-89761-816-6